선생님은
해결사

특수아동 편

08

선생님은 해결사

특수아동 편

김민지 · 서성애 · 박성희 공저

08
WONDERFUL
* TEACHERS!

INNER BOOKS 이너북스

머리말

*자축하는 말

드디어 해냈습니다! 5년 전 아이디어를 내고 1년 동안 자료를 수집하고 3년 동안 낑낑대다가 마지막 1년 동안 젖 먹던 힘까지 다 모아 마침내 이 시리즈를 완성하였습니다. 돌이켜보면 지난 5년 동안 정말 일이 많았습니다. 청주교육대학교 초등상담연구회(CESCA)에 소속된 100여 명의 초등교사 회원들, 그리고 집중적으로 집필에 참여한 20여 명의 집필진이 참 고생 많았습니다. 도중에 병으로 작업을 이어가지 못하는 회원이 생길 때에는 우리 모두 마음으로 숙연해지기도 했습니다. 남들은 그냥 책으로 볼지 모르지만 이 책은 CESCA 회원들의 피와 땀이 이룬 결실입니다. 책이 완간된 오늘 우리 모두는 마음껏 축배를 들어 마땅합니다.

*업적의 의미에 대한 말

그동안 상담계에서 많은 사례집이 발간되었습니다. 그러나 이 사례집은 여러 가지 점에서 다른 사례집과 구별됩니다. 즉, 우리나라 초등학교 아동을 대상으로 했다는 점, 현장교사들이 직접 경험한 사례를 손수 원고로 써 냈다는 점, 초등학교에서 발생하는 각종 문제를 백과사전처럼 두루두루 다루었다는 점, 철저하게 현장 중심이었다는 점, 교육과 상담을 아우르는 교육상담의 성격을 제대로 드러냈다는 점이 그렇습니다. 이런 점에서 이 사례집은 한국 상담학계와 교육학계는 물론이요 한국초등상담학계와 초등교육학계에 길이 남을 이정표가 될 것입니다. 상담학계와 교육학계가 빠져 있는 학문의 식민성이라는 질곡을 어떻게 극복할 수 있는지 분명하게 보여 준 것 역시 엄청난 쾌거임에 틀림없습니다.

***이해를 돕는 말**

이 시리즈는 학교 현장 사례를 발굴하는 데서 시작되었습니다. 처음에는 초등교사들이 지금까지 교사 생활을 하면서 경험했던 온갖 '문제'와 '어려웠던 일'들을 아무런 제약 없이 수집했습니다. 수집된 자료들은 읽기를 반복하며 검토에 검토를 거쳐 10개의 대영역과 소영역으로 나누었습니다. 하지만 수집된 자료들의 편파성이 엿보였던 일부 영역에 대해서는 논리적 · 경험적 판단을 앞세워 새롭게 분류하는 작업을 거치기도 했습니다. 최종 소영역이 결정된 후 각 영역에 따라 집필자가 선정되었고 원고 쓰는 작업이 시작됐습니다. 처음 쓰인 원고는 교수와 교사들이 함께 참여한 회의에서 토론을 거치며 수정하는 작업을 반복하였습니다.

이 사례집은 초등학교 현장에서 아동을 지도하는 초등교사들에게 실제적인 도움을 주기 위한 것입니다. 특히 아직 학교에 익숙하지 않은 초임교사들에게 많은 도움이 될 것입니다. 우리는 사례집을 구성하는 전통적인 방식을 탈피하여 백과사전식 접근을 채택하였습니다. '적게 깊이'보다는 '많게 간략히'를 선택한 것입니다. 하지만 각 사례에 대처하는 방법을 일반적인 전략과 구체적인 전략으로 나누어 상세히 제시함으로써 실제 상황에 부딪혔을 때 활용할 수 있는 유용한 정보를 담았습니다. 그냥 독서삼아 읽다 보면 더러 중복된 부분을 발견할 수 있겠지만 이 사례집이 실제 상황에 대한 처방전 역할을 염두에 두고 제작되었다는 점을 기억해 주시기 바랍니다.

***아쉬워하는 말**

우리는 원래 교육을 담당하는 국가기관에 별로 기대하지 않았습니다. 그런데 이번 일을 하면서 정말 교육정책을 담당하시는 분들의 이해와 지원이 많이 필요하다고 느꼈습니다. 재정지원을 해 달라는 이야기가 아닙니다. 제발 우리에게 연구할 수 있는 시간을 만들어 주세요. 제발 아이들과 만나는 시간을 늘려 주세요. 승진이니, 출장이니, 잡무 및 행정처리니 하는 일에 너무 많은 시간을 빼앗기지 않고 아이들 교육에 전념하고 더 나은 교육을 위해 연구할 시간을 만들어 주세요. 지금 같은 풍토에서 교사-연구자가 나오기란 하늘의 별따기보다 더 어렵습니다. 그러니 초등교육의 미래가 암담하게 느껴질 따름입니다. 정말 이런 상황이 나아지기를 우리 모두 두 손 모아 기도합니다.

***감사하는 말**

사례집 집필에 실제 참여한 저자는 20여 명입니다. 하지만 CESCA 여러분의 도움과 지원이 없었다면 이 작업은 가능하지 않았을 것입니다. 특히 여러분이 해 주신 사례 발굴은 이 작업의 초석이 되었습니다. CESCA의 회장을 역임한 이석두, 김기종 선생님, 그리고 몸을 아끼지 않고 총무 역할을 단단히 해내신 이숙경, 장희화 선생님 고생 많았습니다. 이 일의 선두에 서서 우리를 독려하고 이끌어 주신 박성희 교수님께도 감사합니다. 이 사례집이 기획되는 단계부터 마음으로 함께하고 지원해 준 학지사 김진환 사장님과 최임배 상무님도 고맙습니다.

wonderful teachers – 선생님은 해결사 –

집필진 일동

〈특수아동 편〉 머리말

학급에는 다양한 아이가 모여 있습니다. 생긴 것도 다르고 성격도 다르고 행동하는 것도 모두 다릅니다. 이렇게 다양한 아이 중에서 선생님이 특별히 더 신경을 써서 살펴야 할 아이들이 있습니다. 흔히 장애아동이라고 불리는 아이들입니다. 이들은 자신이 가진 특성으로 인하여 보통 아이들과 아주 다르게 행동할 수밖에 없습니다. 때로는 이런 아이들로 인하여 학급에 혼란이 일어나고 선생님이 당황하게 되는 일도 발생합니다. 심한 경우 학급의 골칫거리가 될 수도 있습니다. 하지만 이들 역시 우리가 소중하게 품고 함께 살아가야 할 우리 아이들입니다. 이들이 건강하게 자라면 그만큼 우리 사회도 밝고 건강해지겠지요.

장애아동 교육은 양방면으로 이루어져야 합니다. 장애를 가진 아이에 대한 교육과 일반 아이들에 대한 교육입니다. 장애아동에게 제대로 자아를 실현하고 사회에 적응할 수 있는 교육을 제공하는 일은 매우 중요합니다만, 그에 못지않게 일반 아이들에게 장애아동을 이해하고 그들과 더불어 살아가는 태도를 교육하는 일도 중요합니다. 이런 점에서 선생님들은 큰 도전을 받는 셈입니다. 장애아동과 일반 아이들을 아우르는 교육이 말처럼 그리 쉽지 않을 테니까요. 그래도 우리가 믿을 수 있는 분은 선생님뿐입니다. 선생님들이 잘 준비되어서 특수한 아동과 일반 아동이 모두 행복한 교실을 만들어 간다면 얼마나 좋을까요.

Wonderful Teachers－선생님은 해결사－시리즈의 여덟 번째인 이 책에서는 특수교육 대상 어린이가 있는 학급에서는 언제든지 일어날 수 있는 다양한 문제를 다루고 있습니다. 총 17개의 사례를 '수업시간 중 행동의 문제' '수업 참여의 문제' '상호작용의 문제'로 나누어 살펴보았습니다. 통합교육이 활성화되고 있지만 이를 따라가는 교사들의 준비는 아직도 미흡한 것이 사실입니다. 이러한 상황이기에 같은 문제로 고민하는 여러 선생님께 도움이 되기를 바라며 통합학급을 운영하면서 여러 가지 어려움을 겪으며 일 년을 보낸 선생님들의 사례를 정리해 보고 이 문제 사례들을 해결하기 위한 상담적 접근을 제시해 보았습니다. 언제든, 누구에게든 좋은 선생님이 되기 위해 노력하고 계시는 여러 선생님께 작지만 도움이 되었으면 하는 바람입니다.

집필진 일동

차례 contents

학교에 지나치게 자주 찾아오는 학부모●내가 한 만큼 돌려받고 싶은 학부모● 교사에게 반말하는 학부모●언행이 교사에게 호의적지 못
●자신들의 문제를 교사에게 전가하는 학부모●자기 입장만 이야기 하는 학부모●교사를 믿지 못하는 추궁형 학부모●자기 아이를 과대
부모●교사에게 존지 주는 학부모●자기 아이만 미워한다고 항의하는 학부모●아이의 말만 믿는 학부모●교사에게 무리한 요구를 하는
이의 자신감만 지켜주고 싶은 학부모●학교생활을 스스로 할 수 없게 하는 학부모●교사를 모략하는 두 얼굴의 학부모●학급 일을 학교
상의하는 학부모●자녀의 학습에 너무 무관심한 학부모●학교에 지나치게 자주 찾아오는 학부모●내가 한 만큼 돌려받고 싶은 학부모●
반말하는 학부모●언행이 교사에게 호의적지 못한 학부모●자신들의 문제를 교사에게 전가하는 학부모●자기 입장만 이야기 하는 학부
믿지 못하는 추궁형 학부모●자기 아이를 과대평가하는 학부모●교사에게 존지 주는 학부모●자기 아이만 미워한다고 항의하는 학부모●
만 믿는 학부모●교사에게 무리한 요구를 하는 학부모●아이의 자신감만 지켜주고 싶은 학부모●학교생활을 스스로 할 수 없게 하는 학

1

수업시간 중 행동의 문제

이물질을 씹는 아이

소리에 집착하는 아이

수업시간 중에 돌아다니는 아이

아무데서나 용변을 보는 아이

먹은 음식을 토하는 아이

교실 밖으로 도망가는 아이

물건을 집어 던지는 아이

자폐로 인해 수업을 방해하는 아이

체육수업에 참여하지 않으려는 아이

좋아하는 것만 참여하고 나머지는 신경쓰지 않는 아이

한글을 깨우치지 못한 아이

보청기를 낀 아이

들리지 않는다는 사실을 숨기고 싶어 하는 아이

자신이 특수학급에 속해 있다는 것을 용납하지 못하는 아이

공격적으로 행동하는 아이

학급 친구들과 의사소통이 되지 않는 아이

주위 친구들과 전혀 어울리지 않는 아이

뭐든지 마음대로 하는 아이

이물질을 씹는 아이

no. 1 엄마 뱃속에서 아파서 그래요

no.2 무슨 냄새나요

선생님,
준호 입에서 이상한
냄새나요.
냄새?
무슨 냄새?
아후~ 정말
냄새나는 데요!
무슨 생선 먹었나봐요.
준호야! 입속에
있는 게 뭐야?
응! 말해 봐.
응? 뭐라고?
차치요.
차치!
우물
우물
참치? 급식소에서 먹은 거?
네
그걸 지금까지 씹고 있으면
어쩌니. 삼켰어야지.
어서 뱉고 와.

no.3 색종이 조각을 잘근거리며 씹어요

뭔가를 잘근거리며 씹는 아이

혼자 있을 때 가만히 있지를 못하고 지루함을 참지 못해서인지 무엇인가를 입속에 넣고 질겅거리거나 잘근잘근 씹어야 안정이 된다. 더러운 것인지 아닌지 상관하지 않고 손에 잡히면 연필, 지우개 가루, 종잇조각 등을 이빨로 잘근거리는 경우다.

준호는 지적장애 3급에 약간의 언어장애도 있어 말하는 소리도 어눌한데다 언어 표현도 한정된 1학년 남자아이이다. 용모도 늘 단정하며 주변을 크게 방해하는 행동도 하지 않는 편이지만 무언가 작은 조각을 입속에 넣고 씹고 있을 때가 자주 눈에 띄어 비위생적으로 보인다.

교사의 대처

아직 1학년인데다 학교생활의 긴장이 안 풀려서인지 교사의 지시에 잘 따르고 있는 편이다. 그러나 간혹 입속에서 무엇인가 우물거리거나 씹는 모습을 볼 수 있는데 주로 다른 친구들이 개별 활동을 할 때이거나 학습활동에 참여하지 못하여 지루해하는 경우에 그런 모습을 보인다. 언어 표현도 부정확하여 친구들이 상대를 안 해 주거나 혼자 있는 시간이 길어지면 씹는 행동이 두드러지게 나타나는 듯하다. 그럴 때마다 교사는 준호 앞에 다가가 주의를 주거나 이물질을 뱉으라고 지시하고 다시는 그러지 말라고 엄포를 놓지만 그때뿐이다.

교사의 대처 방법 분석

잘한 점

- 아이가 일반 학급에 와서 공부할 때 학급 친구들이 아이를 놀리거나 괴롭히지 않도록 저학년 수준에 맞추어 아이의 상태를 잘 이해시켰다.
- 이물질을 입에 넣고 씹으면 안 되는 이유를 꾸준히 설명해 주고 위생지도를 하였다.
- 학습활동에 참여하는 데 도움을 줄 수 있는 똘똘한 짝꿍을 만들어 주고 아이의 서투른 교실활동을 돕도록 하였다.

개선할 점

- 학급 친구들이 개별 활동할 때 아이도 수준에 맞게 해야 할 활동거리를 제공하여 지루한 시간을 줄이도록 한다.
- 아이의 바람직하지 않은 행동에 대해 특수반 교사와의 긴밀한 접촉과 상담을 통한 연계지도 및 개선 방법 모색이 부족하였다.
- 아이의 비위생적인 행동에 대해 근본적인 문제행동을 개선하려고 하기보다는 그때그때 꾸지람으로 대신하였다.
- 아이가 학급 친구들과 어울릴 수 있는 단체활동에 참여할 기회를 높여 혼자 지루하게 있는 시간을 줄이도록 한다.

상담적 접근

일반적으로 할 수 있는 관심과 배려

- 아이가 입으로 씹는 행동은 무언가 정서적 · 심리적인 욕구 불만이나 갈등 상황이 있을 때 흔히 나타나는 현상으로 볼 수 있다. 따라서 어릴 적부터 엄마의 그늘을 벗어난 적이 없는 아이의 주위 환경은 어떠했는지 살펴볼 필요가 있다. 즉, 부모상담을 통해 갈등적 요소는 없는지 점검해 보고 전문적인 치료가 필요하다면 도움을 받을 수 있는 정보를 제공해 준다.
- 의사소통이 미흡한 아이가 친구들과 어울리도록 '엔젤 모둠'을 만들어 돌아가며 함께 놀아 주도록 학급 친구들에게 도움을 청하고 학급 친구들을 칭찬하는 강화물을 제공한다.
- 아이가 씹는 행동을 하지 않고 있을 때마다 놓치지 말고 칭찬을 자주 해 주어 아이의 바람직한 행동에 강화를 준다.
- 건강과 관련된 영상자료를 보여 주고 건강한 생활을 위한 구체적인 실천 사례 지도를 한다.
- 아이 주변을 깨끗이 유지하고 손을 자주 씻도록 지도한다.

구체적인 전략

✗ 준호의 경우 형제 중 맏이로 태어났으며 엄마의 극진한 보살핌과 관심으로 매일 엄마와 함께 등교하고 하교도 함께한다. 성격이 온순하고 내성적이라 주변의 아이들에게 큰 방해 행동은 하지 않지만 교실에서 심심하면 손에 닿는 주변의 이물질 조각을 생각 없이 입에 넣고 씹는 행동이 빈번하다. 이러한 비위생적인 행동은 아이의 건강에도 염려가 되므로 혐오치료를 사용하여 개선해 보고자 한다.

혐오치료란 기본적으로 바람직하지 않은 강화에 혐오스러운 사건을 짝지어 반복해 줌으로써 바람직하지 않은 강화의 강화력을 떨어뜨리게 하는 것이다(이성진, 2004). 이 방법은 제거되어야 할 행동을 혐오스러운 자극 상태와 연합시킴으로써 이 혐오자극에 대한 회피와 함께 바람직하지 못한 행동을 없어지게 하는 행동수정기법이다.

- 우선 아이와 함께 먹을 수 있는 것과 먹으면 안 되는 것을 구분하는 시간을 가진다. 이물질을 먹으면 건강에 해로울 뿐 아니라 세균이 침투해 병에 걸릴 수 있다는 점을 그림이나 영상자료를 보여 주며 설명해 준다. 이때 보건교사에게 도움을 요청하여 지도하면 좋을 것이다.
- 혐오조건(입속에서 세균들이 활동하는 그림이나 몸이 아파하는 그림)을 준비한 후 혐오스런 기억이나 감정이 생겨 씹는 행동을 못하게 아이의 상상력을 이용한다. 즉, 수업 중 아이가 씹는 행동을 나타내면 준비된 혐오스러운

그림 자료를 눈앞에 제시하여 입속에서 세균들이 이렇게 활동하며 너의 몸을 파괴하고 있을 거라고 상상을 유도하며, 입속의 이물질을 스스로 뱉도록 한다.

- 아이가 이물질을 뱉고 나면 혐오스런 그림 자료를 즉각 치우고 교사는 아이에게 쓴맛으로 인한 불쾌한 기분을 갖게 하여 다시는 먹고 싶지 않게 하기 위한 부적 강화물을 제공한다. 예를 들면, 가카오가 80% 이상 함유된 무설탕의 초콜릿을 세균을 퇴치하는 알약이라고 하며 씹어 먹게 한다. 이때의 초콜릿은 위약효과를 내기 위한 것으로써 쓴맛이 매우 강하여 입속에서의 불쾌한 기분을 잠시 느끼게 된다.
- 아이는 혐오스러운 그림 자료를 통해 상상되었던 자극과 바람직하지 않은 쓴맛의 강화물을 연결시켜 반복 경험함으로써 점차 이물질에 대한 애착을 버리게 될 것이다.
- 동시에 아이가 수업시간에 이물질을 씹는 행동이 보이지 않으면 일정한 시간마다 스티커를 1개씩 준다. 하루에 스티커를 10개 이상 받으면 하교할 때 아이가 좋아하는 강화물을 준비했다가 1개씩 줌으로써 긍정적인 강화물로 인한 강화의 빈도가 더 늘어나도록 한다. 처음엔 일정한 시간 간격을 좁게 잡아 스티커를 자주 주다가 점차 시간 간격을 넓혀 가며 스티커를 제공한다. 긍정적 강화물인 스티커는 아이가 쉽게 볼 수 있는 벽에 붙여 주어 시각적 효과를 주면서 강화 효과를 높게 만든다.

소리에 집착하는 아이

no.1 상수야, 색연필 떨어뜨리지 마

no.2 상수 주변의 환경, 수정하기

물건을 떨어뜨리는 상동행동으로 소리에 집착하는 아이

자신의 주변에 있는 물건을 유리, 책상 등에 계속해서 떨어뜨려 소리를 반복해서 내고, 이러한 행동을 못하게 하면 이를 갈거나 의미 없는 이상한 소리를 내는 경우다.

상수는 발달장애 2급 판정을 받은 초등학교 2학년 남자아이다. 초등학교에 들어오기 전까지 장애로 인해 유치원에 다니지도 않고 집에서 엄마와 함께 지냈다. 상수는 엄마가 밥도 떠먹여 주고 상수가 스스로 해야 할 일을 엄마가 모두 대신해 주어 학교에 입학했을 당시, 혼자서 밥을 먹을 수도 없었고 대소변도 가리지 못했다. 이런 상수를 특수학급의 교사가 숟가락질과 포크 사용 방법을 가르쳐 불완전하지만 혼자 밥을 먹을 수 있게 되었다. 또한 쉬는 시간마다 기계적으로 화장실을 가게해서 혼자 옷을 내리고 볼 일을 본 후 변기의 물을 내리고 손을 씻고 올 수도 있게 되었다. 말은 알아듣지만 상수가 낼 수 있는 소리는 '아~', '으' 정도인데 소리에서 문제행동을 보였다. 색연필, 자 등 자신이 가지고 있는 물건으로 소리가 잘 나는 책상 위, 유리판 등에 떨어뜨려 소리를 반복해서 내고, 교사가 이를 못하게 하면 이를 가는 소리나, '으~' 하는 의미 없는 소리를 내어 주변 친구들의 학습을 방해하였다.

교사의 대처

교사는 상수가 반복해서 물건을 떨어뜨리며 소음을 만들어 수업에 방해를 하자 그 원인을 알기 위해 상수의 집을 방문했다. 상수네 집은 농사짓는 집답지 않게 정갈하게 정리정돈이 되어 있었다. 집 안에는 가전제품은 물론이고 싱크대 안까지 깨끗하게 물건이 하나도 없었다. 상수가 집에서 가지고 놀 물건이 하나도 없었다. 상수 어머니는 상수가 물건을 떨어뜨려 자꾸 고장을 내자 물건을 보이지 않는 곳으로 싹 치우고 없앴다고 하였다. 교사는 상수 어머니에게 상수가 물건을 떨어뜨리는 이유는 상수가 놀 거리가 없어서 떨어뜨릴 때 나는 소리로 노는 것 같다고 이야기하며 교실에서는 친구들의 학습에 방해가 돼서 하지 못하게 하지만 집에서라도 안전한 물건으로 소리를 충분히 들을 수 있도록 해 줄 것을 부탁하였다. 또한 상수 어머니가 장애를 지닌 상수를 보살피기만 했지 놀아 주거나 언어발달을 위해 대화를 시도하거나 하는 교육적인 보살핌이 소홀했던 점을 인지시키고 앞으로는 상수가 말로 표현을 못하지만 자꾸 대화를 유도해서 자연스럽게 가정에서도 상호작용을 할 수 있도록 하였다.

한편, 학교에서는 상수가 교실에서 담임교사의 제지에도 불구하고 계속해서 물건을 떨어뜨리며 소리를 내자 책상은 물론 교실 바닥까지 매트를 깔고 필기도구는 리본 테이프로 감싸 떨어뜨려도 소리가 나지 않게 하였다. 상수는 교실에서 소리가 날 만한 곳을 찾아 물건을 떨어뜨려도 소리가 나지 않자 이제는 입으로 무의미한 소리를 내었다. 교사는 상수의 소리에 대한 집착을 달래 주고자 마라카스, 소고, 방울 등 소리가 나는 물건을 쥐어 주고 떨어뜨리지 말고 흔들며 소리를 내 보도록 유도하였다. 상수의 학습 능력은 선긋기와 오리기 정도인데, 이때 사용하는 색연필과 가위 등에도 방울을 달아 소리를 듣게 하였다.

교사의 대처 방법 분석

잘한 점

- 장애아동이 자신의 힘으로 식사하기, 대소변 가리기 등 기본 생활을 스스로 할 수 있도록 반복 훈련을 통해 교육시켰다.
- 문제행동을 보였을 때, 문제의 원인과 해결 방법을 찾아보려고 노력하였다.
- 환경 수정을 통해 문제행동 빈도를 감소시키려 노력하였다.

개선할 점

- 특수학급뿐만 아니라 통합학급에서도 아이가 문제행동의 빈도를 줄일 수 있도록 통합학급의 담임교사와의 연계지도가 필요하다.
- 상동행동의 원인이 뇌와 신체기능의 미성숙에 의한 것인지 아니면 대체적 놀이 수단이 없거나 긴장이나 불안을 해소하기 위한 것인지 가려내어 대책을 마련할 필요가 있다.
- 아이의 문제행동뿐만 아니라 아이의 지적 발달을 꾀하기 위해서 장애아동에 대한 부모교육이 필요하다.

상담적 접근

일반적으로 할 수 있는 관심과 배려

- 통합학급에서 적절한 상호관계를 맺지 못하여 상동행동이 오히려 증가하는 것을 방지하기 위해 또래 친구들에게 아이의 상태를 설명하고 상동행동을 줄여 줄 수 있는 언어적 자극이나 상호작용을 할 수 있도록 도와준다.

- 아이가 스스로 할 수 있는 과제를 마치면 구성원의 합의하에 상동행동을 하도록 허용해 주어 효과적인 긍정적 강화로써 작용하게 한다.
- 아이가 스스로 상동행동을 줄여 나갈 수 있도록 도와주어 자신의 행동을 스스로 조절했다는 기쁨을 느끼도록 해 준다.
- 상동행동을 대체할 수 있는 놀이나 다른 활동으로 관심을 유도하여 자연스럽게 상동행동을 줄여나갈 수 있도록 도와준다.

구체적인 전략

장애아동들이 동일한 패턴을 반복하는 행동인 상동행동은 자폐성 장애아동뿐만 아니라 태어나면서부터 실명을 한 시각장애아동이나 중증의 발달장애아동에게서도 나타난다. 상수도 이 경우로 상동행동을 줄이기 위한 대처 방법에는 다음과 같은 것들이 있다.

[점진적 변화 접근법]

상동행동 성과 틀에 박힌 행동이 일정한 시간에 걸쳐 거의 알아차릴 수 없을 정도로 서서히 생겨나듯이 그런 행동을 감소시키는 프로그램도 점진적이고 세심하게 계획된 단계에 따라 이루어지도록 한다. 점진적 변화는 아이들이 환경의 변화나 하루 일과의 변경에 대처하도록 돕는 데 도움을 준다.

[예방]

- 아동이 어릴 때부터 부모가 아동의 상동행동을 통제한다. 상동행동을 누구하고, 얼마나 오래하며, 어느 정도까지 봐 줄 수 있는가 하는 한계를 설정한다. 다만, 너무 강박적으로 모든 행동을 통제하지 않도록 주의한다.
- 미래를 내다볼 수 있는 능력이 필요하다. 성인이 되면 문제가 될 수 있다고 판단되는 아이의 행동을 허용하거나 권장하지 않는다. 예를 들면, 어린아이가 하면 봐 줄 수도 있는 행동이지만 청소년 후기나 성인기에 하면 아주 다른 시각에서 보일 수 있는 경우로 판정되는 행동이면 과감하게 통제해야 한다(예를 들면, 여자 스타킹의 감촉을 좋아하거나 자꾸만 옷을 모두 벗어 버리려고 하는 경우).

틀에 박힌 행동 다루기

틀에 박힌 행동에 변화를 주고자 할 때 변화를 미리 예고해 준다. 이것은 아이에게 변화 행동이 일어날 수 있다는 것을 미리 알게 해 줌으로써 불안이 커지는 것을 막아 주고 동시에 그 행동을 일정하게 제한하는 효과가 있다.

(예) 환경의 변화에 대해 저항할 때

의자 한 개를 각도만 약간 바꾼다. → 이 의자를 평소의 위치에서 조금씩 다른 곳으로 움직인다.→ 다른 의자들의 각도를 바꾼다.→ 다른 가구들도 서서히 변화시켜 나간다(문의 각도, 커튼 위치 등).

반복행동 다루기

아이가 심심하거나 할 일이 없으면 반복행동이 일어나기 쉽다. 따라서 새로운 놀이를 알려 주거나 반복행동을 대치할 수 있는 행동을 안내한다. 양립할 수 없는 행동을 하게 하는 것도 한 방법이다. 예를 들면, 손 흔드는 행동 통제에 도움을 주기 위해 손을 집어넣을 수 있는 커다란 호주머니가 달린 바지를 입게 한다. 실제로 부모가 아이들이 손을 흔드는 것을 볼 때마다 "호주머니에 손을 넣어"라고 말하면, 나중에는 아이 스스로 자신이 손을 흔드는 것을 의식할 때마다 "호주머니에 손을 넣어."라고 말하며 호주머니에 손을 넣게 된다.

수업시간 중에 돌아다니는 아이

no.1 선생님, 성민이가 제 연필 부러뜨렸어요

no.2 성민아, 공부시간에는 제자리에 앉아 있는 거야

수업에 집중하지 못하고 수업 중에 돌아다니는 아이

규칙에 대한 이해가 부족하고 수업 중 집중할 수 있는 시간이 지극히 적어 이리저리 돌아다니며 친구들에게 참견하는 경우다.

성민이는 정신지체 3급 진단을 받았다. 외모도 다른 아이들과 조금 다른 느낌을 갖게 하고 주의력결핍과 과잉행동장애 증상을 함께 보인다. 특수학급에 가는 시간 이외에 학급에서 아이들과 생활할 때 보이는 문제로 가장 심각한 행동은 수업 중에 마구 돌아다니는 행동이다. 이는 스스로뿐만 아니라 다른 아이들의 수업에까지 막대한 지장을 초래하였다. 간혹 그렇게 돌아다니다 다른 아이들과 마찰이 생겨 싸움이 되기도 했다. 가정에서의 관심도는 비교적 높은 편이어서 장애아들만 따로 교육하는 사회복지센터 등에 데리고 다니며 교육시켰으며 수영이나 태권도 등 취미활동에도 신경을 쓰고 있었다. 또한 등하교 시 엄마가 매일 승용차로 태워 주시는 등 부모의 관심은 높은 편이었다.

교사의 대처

성민이는 복잡하고 다양한 규칙을 이해하기 힘든 상태의 아동이다. 담임교사는 이러한 성민이가 자꾸 수업 중에 일어나서 돌아다니고, 그것에 그치는 것이 아니라 다른 아이들 수업을 방해하고 또 서로 다툼이 생기는 것을 깨닫고 성민이에게 정확하게 행동 규칙을 알려 주고 지키도록 요구하였다. 그리고 성민이가 약속을 잘 지키면 보상으로 성민이가 좋아하는 것을 한 가지씩 해 주기로 약속하였다. 성민이 엄마와는 긴밀한 연락을 취하면서 성민이의 상태에 대해 많은 대화를 나누고 가정에서도 연계하여 지도해 줄 것을 부탁하였다.

교사의 대처 방법 분석

잘한 점

- 아이의 특성을 바르게 이해하고 있다. 일반 아동들과 달리 단순한 면이 많은 점을 이용하여 보상을 주었다.
- 잘한 점에 대해서는 보상을 주며 행동 규칙을 일러 주었다. 정확하게 여러 번 이야기하면서 "수업 중에는 돌아다니지 않는 거야. 돌아다니면 안 돼. 이제 돌아다니면 야단맞을 거야." 등 안 되는 것에 대하여 확실하게 얘기해 주었다.
- 학교에서의 지도만으로는 부족함을 잘 알고 엄마와 연락하여 성민이의 지도에 협조를 부탁함으로써 가정과 연계하여 지도하였다.

개선할 점

- 보상과 벌에 대한 구체적이고 체계적인 계획 및 지도가 필요하다.
- 아이를 지도하는 데 대하여 학급 아이들도 함께 노력해 줄 것과 다툼이 생기는 것에 대해 이해를 바라는 등 협조를 당부해야 한다. 더욱 중요한 것은 발달적 측면에서 일반 아동들과 다르다는 것을 잘 이해시킨다.

상담적 접근

일반적으로 할 수 있는 관심과 배려

장점 파악하여 칭찬해 주기

공부만이 현재와 미래 생활을 모든 의미를 결정짓는 것은 아니므로 장점을 강하게 부각시켜 자존감을 키워 주고 미래 생활에 대비할 수 있는 기틀을 마련해 준다.

긍정적인 피드백을 지속적으로 보내기

일반 아동과 마찬가지로 성민이의 활동에 특별한 관심을 기울이며 긍정적인 피드백을 지속적으로 보낼 때 행동의 변화를 가져올 수 있다.

성민이의 상태 알리기

성민이는 발달적으로 보아 일반 아동과 확연히 차이가 있다는 것을 학급 아이들에게 알려 준다. 지적으로 보아 보통 아이와 많은 차이가 있기에 같은 말이나 상황을 잘 이해하지 못하는 것이 당연한 상태임을 알도록 한다.

학급 아이들에게 도움 요청하기

담임교사가 아이를 지도함에 있어 학급 아이들의 도움이 많이 필요함을 설명해 주고 도와줄 것을 부탁한다. 아이가 돌아다녀도 수업에 집중할 것, 아이가 하는 일에 관여하지 말 것, 아이가 와서 간섭해도 모른 체 할 것 등 아이의 행동을 수정하는 과정에서 일어날 법한 일들을 미리 일러 주어 대비하도록 한다. 또한 아이만 보상하는 것에 대한 이해도 함께 구한다.

구체적인 전략

행동수정

성민이의 경우 처음부터 긴 시간을 앉아서 무엇인가 학습을 시키려고 해서는 안 된다. 짧은 시간부터 시작해서 점차 앉아 있는 시간과 학습에 임하는 시간을 늘려 나가는 것이 중요하다. 이에 적합한 방법으로 행동수정기법을 사용하면 효과적이다. 행동수정의 궁극적인 목표는 사회적응적 행동을 획득시키는 것이기 때문에 과잉행동을 다른 행동으로 대치시켜 놓는다는 입장에서 시작해야 한다.

- 목표 행동을 구체화 한다. 우선 궁극적으로 학습시키고자 하는 행동을 구체적으로 규정한다. 아이의 여러 문제행동 중에서 수업 중 돌아다니는 행

동에 대해서만 우선 목표로 삼는다.

- 행동수정의 출발에서 중요한 두 가지는 표적 행동 결정과 행동의 빈도를 측정하는 일이다. 아이가 한 시간 동안 몇 번이나 자리에서 일어나 다른 장소로 이동하는지 세밀하게 관찰한다. 측정 결과 성민이는 한 시간 동안 4~5번 자리를 떠서 움직이려하고 이동하였다. 자신의 자리에서 안절부절 못하는 행동은 접어 두고 일단 자리를 뜨지 않게 하는 것에 초점을 맞춘다.
- 부적응 행동을 줄였을 때 어떤 보상을 해 줄지 함께 의논한다. 실제로 성민이는 의외로 단순하여 보상으로 사용한 것이 '점심시간에 1등으로 밥 먹으러 가기' 였고 그다음이 '딱지' 였다. 처음에는 10분 동안 자리를 뜨지 않으면 즉시 딱지 한 장을 주었다. 그리고 한 번이라도 성공한 시간은 그날 1등으로 밥 먹기 권한을 부여하였다. 앉아 있는 시간을 점차 늘려 나가고 시간이 지나면서 부적응 행동이 감소하면 간헐적 강화를 해 준다.
- 첫 단계에서 학습시키고자 하는 표적 행동이 어느 정도 수정되었을 때 그다음 행동수정을 시작한다. 한 가지 행동을 마친 후에 시작해도 무방하다. 돌아다니지 않게 한 후에 아이가 흥미 있어 할만한 학습적 요소를 투입한다.

엄마와의 상담

행동수정 시에도 가정과 연계지도하여 긴밀한 협조체계를 이루면 훨씬 효과를 빨리 볼 수 있다. 가정에서도 학교에서 담임교사가 실시하고 있는 보상 및 벌의 내용을 알게 한다.

사회성 기술 지도

부적절한 행동에 대한 벌칙을 정하여 강화받을 수 있는 기회를 박탈(고립)하거나 이미 얻은 강화나 활동 시간을 박탈(반응대가)하거나 꾸짖거나 부모에게 알리는 등의 벌을 사용한다.

집중력 기르는 활동 전개

행동수정으로 수업 중 돌아다니는 행동에 대해 감소 방안을 진행함과 동시에 궁극적으로 집중할 수 있는 능력을 키워 주는 데에도 관심을 기울인다.

- 활동 1–점토 놀이하기: 점토로 여러 가지 활동을 해 보면서 정서 순화 및 집중력 함양에 도움이 되도록 한다.
- 활동 2–콩집기 놀이: 젓가락으로 콩 집기 놀이를 해 본다. 처음부터 욕심부리지 않고 한두 개 집는 것부터 실시한다.
- 활동 3–카드로 같은 모양 따먹기 놀이: 아이들이 좋아하는 카드를 이용해 같은 모양의 카드 따먹기 놀이를 한다.
- 활동 4 –구슬 꿰기 놀이: 원목으로 된 색구슬 등을 줄에 꿰어 보는 놀이를 한다.

아무데서나 용변을 보는 아이

no.1 수업활동 시간

no.2 용변은 화장실에서

no.3 옷에서 냄새가 나는 아이

아무데서나 용변을 보는 아이

몸이 불편해 걷는 것이나 수업활동 시간에 의자에 앉아 있는 것을 힘들어하고, 학교 안을 이리저리 배회하며 용변을 아무데나 보기도 하고 용변이 자주 옷에 묻어 있어 냄새가 나는 경우다.

석호는 2학년 남자아이로 발육부진으로 인해 바르게 서지 못하며 학습은 다른 아이에 비해 현저하게 낮아 자기 이름 세 자를 겨우 쓸 정도다. 발음은 정확하지 않아 책을 읽는 활동은 어렵지만 간단한 어휘로 교사와 의사소통이 가능하다. 교사의 관심이 조금이라도 소홀해지면 수업활동 시간에 이리저리 돌아다닌다. 혼자 옷을 입기가 어렵고 용변을 제대로 가리지 못하며 옷에 용변이 묻어 냄새가 나서 친구들이 가까이 가려고 하지 않는다. 석호 위로 4학년인 누나가 있고 1학년 때 엄마가 매일 학교에 와서 아이와 학교생활을 같이 할 정도로 부모의 관심은 높지만 오래된 생활에 지쳐있는 상태다.

교사의 대처

교사는 아이가 학교에 잘 다닐 수 있도록 배려하였다. 1학년 때 매일 학교에 와서 아이와 학교생활을 함께하던 어머니께 혼자 할 수 있는 일들은 혼자 하게 둘 것을 요청하였다. 또한 항상 여분의 옷을 학교에 두었다. 아이 어머니는 불안하게 생각하였지만 처음에는 매일, 그다음에는 이틀에 한 번꼴로 아이와 함께 학교생활을 하다 차츰 줄이고 나중에는 학교에 오갈 때 바래다주는 것으로 그쳤다. 특수학교에 입학을 권하였지만 여의치 않았다. 담임교사는 아이 옆에 가려고 하지 않던 학급 아이들을 설득하여 도와줄 것을 요청하였다. 아이들은 화장실 가르쳐 주기, 석호 놀리지 않기, 입에 대면 안 되는 것 알려 주기 등을 통하여 학교생활에 익숙해질 수 있도록 도와주었다. 교사는 기본 생활습관으로 교실생활, 수도 이용, 화장실 이용, 운동장 놀이 기구 이용, 복도 통행 방법, 위험한 물건, 우리 몸에 해로운 것, 아무데서나 용변 보지 않기 등을 집중적으로 지도하였다. 책 꺼내기, 공책 사용하기, 간단하게 읽고 쓰기, 셈하기 지도는 효과는 없었지만 간단한 낱말 이해와 10이 넘어가지 않는 한 자리 수의 덧셈은 할 수 있었다. 아이에게 문제가 생기는 경우 학부모에게 전화하여 도움을 요청하였다.

교사의 대처 방법 분석

잘한 점

- 아이가 학교생활에 익숙해질 수 있도록 하였다.
- 학교생활에 필요한 기본 생활습관을 지킬 수 있도록 지도하였다.
- 교사의 관심이 미치지 못한 부분에 대해 학급 아이들의 도움을 요청하였다.
- 학습과 관련하여 읽고 쓰기, 셈하기에 관심을 가져 주었다.
- 등하교를 아이 스스로 해결할 수 있도록 유도하였다.

개선할 점

- 용변 보기에 대한 구체적인 지도가 필요하다.
- 아이가 특별히 관심을 가지고 있는 것을 중심으로 지도해 나간다.
- 가정과 연계하여 학습활동이나 기본 생활습관이 꾸준히 지속될 수 있는 노력이 필요하다.
- 학급 아이들과 함께할 수 있는 놀이활동을 제공하여 성취감을 맛볼 수 있도록 한다.

상담적 접근

일반적으로 할 수 있는 관심과 배려

- 교사는 아이에 대해 이해하고 수용해 주고 신뢰감을 잃지 않도록 하여 긍정적인 관계를 유지해 나간다. 부모와 함께 학교생활에 적응할 수 있도록 한다.
- 용변 보기와 관련하여 화장실 사용법에 대해 관심을 보이고 잘 이용했을 때는 언어적 · 물질적 강화를 통해 아이가 자신감을 가지고 습관을 들일 수 있도록 지도한다.
- 학급 아이 중 자발적인 도우미를 통해 단짝 친구나 수호 친구를 만들어 주고 아이를 돕기 위한 다양한 방법을 강구한다. 도우미 친구들은 여러 가지

강화를 통해 친구 도울 때의 즐거움을 알게 한다.

- 아이로 인해 지친 부모를 설득하여 아이가 남의 도움이 없어도 스스로 일상생활을 할 수 있도록 아이의 자립심을 키워 주도록 한다. 부족함 없이 해주기보다는 문제에 대해 스스로 생각하여 해결할 수 있도록 도움을 주어야 한다고 설득한다.
- 아이의 상태에 대해 정확하게 진단하고 아이를 위한 보조교사를 교육청에 요청한다.

구체적인 전략

아이의 화장실 사용 전략

[화장실에 있는 여러 가지 물건 보여 주기]

- 화장실에 있는 변기 그림 보여 주고 사용법 익히기
- 화장지 그림 보여 주고 사용법 익히기
- 세면대, 세숫비누, 수건 그림 보여 주고 사용법 익히기
- 교사가 그림을 보여 주면 무엇인지 알게 하기
- 학교 화장실에 직접 가서 확인하기

[화장실 사용 의사 표현하기]

- 화장실 가리키기
- 일어서서 엉덩이 가리키기
- '응' 이라는 말로 표현하기
- '대변' '소변' 또는 용변이라는 말로 표현하기
- '화장실' 이라는 말로 표현하기
- 의사 표현할 때 마다 칭찬하여 자신감 주기

[화장실 사용법 익히기](만화 자료나 동영상 자료 활용)

- 쉬는 시간에 화장실 이용하기
- 노크하기(화장실에 누가 있는지 확인하기)
- 문 열고 들어가기
- 변기 뚜껑 열고 옷 벗기(옷을 벗을 때 무릎 아래까지 벗기)
- 앉기(변기에 앉을 때는 변기 주변에 묻지 않도록 적당한 위치 정해 주기)
- 볼일 본 후 물 내리기
- 화장지 사용할 만큼 잘라 사용한 후 휴지통에 넣기
- 옷을 바르게 입기
- 화장실에서 나와 세면대에서 비누로 손 씻기
- 수건으로 손 닦기
- 확인하고 가정과 연계지도하기

아이를 위한 부모의 전략

학교에서 실시한 대소변 훈련을 부모에게 알려 주어 가정에서도 꾸준히 이루어질 수 있도록 한다.

엄격한 대소변 훈련보다는 식사를 한 지 30분 후에 화장실에 앉아 있을 수 있도록 한다. 그리고 정해진 시간에 실제로 배변하였는지 확인한다. 실제로 배변하였을 때는 아이가 좋아하는 강화물을 제공한다. 배변하지 않았다 하더라도 물을 내리게 한다. 아이의 배변이 일정한 시간에 이루어지면 스스로 할 수 있도록 하고 용변 후에는 반드시 물을 내려 확인할 수 있도록 한다. 때로는 아이가 먹는 음식물을 조절할 수 있도록 한다. 잠자기 전에는 반드시 화장실에서 볼일을 볼 수 있게 하고, 저녁식사 후에는 수분이 많은 음식은 피한다.

학급에서 실시할 수 있는 전략 – 나와 다른 너

- 색깔이 다르고 맛이 달라도 모두가 포도죠
  - 내가 알고 있는 포도 색깔 말하기(연두색, 보라색, 자주색, 검은색 등)
  - 포도의 맛 말하기(신맛, 단맛, 씁쓸한 맛, 새콤한 맛, 달콤한 맛)
- 포도 그리기
- 내가 그린 포도의 색깔과 맛이 달라도 모두가 포도예요.
- 우리 학급에 있는 친구 그리기
  - 학급에 있는 다양한 친구 모습 발표하기(이 아이의 모습도 나오게 유도하되

아이들이 이 아이를 그리지 못한 경우 교사가 대신 그린다.)

- 모습이 달라도 우리 모두 친구임을 알기
  - 우리 서로 다름 알기
  - 나와 다른 친구 중에는 도움이 필요한 아이가 있음을 알기
- 나의 도움이 필요한 아이
  - 내가 줄 수 있는 도움은 무엇일까(화장실 사용하기, 책가방 정리하기, 함께 놀아주기 등)?
  - 내가 할 수 있는 일은 무엇일까(놀리지 않기, 불편한 일 돕기 등)?
- 나와 달라도 우리 모두 친구예요.
  - 자기가 그린 그림을 오려 커다란 전지에 붙이기

먹은 음식을 토하는 아이

no.1 잘못된 식습관

no.2 고기반찬이 좋아요

먹은 음식을 토하는 아이

우유나 음식을 먹으면 장소를 가리지 않고 자주 토하며 어떤 활동이든 자기 마음에 들지 않으면 절대로 하지 않는 경우다.

여진이는 예쁘게 생긴 1학년 남자아이이다. 집안에 아이가 없어 오랜만에 태어난 여진이는 엄마, 아빠는 물론 조부모나 친척들의 사랑을 독차지하며 자랐다. 여진이는 먹기 싫은 음식이 있으면 토하여 좋아하는 음식만 먹게 되었다고 한다. 학교에 오면 제일 먼저 점심시간에 어떤 메뉴가 나오는지 알아본 다음 자기가 싫어하는 음식이 나오면 급식소에 가기를 거부하며 급식소에 갔다 하더라도 다른 곳으로 숨어 버린다. 맛없는 음식이라도 먹어야 한다고 설득하여 먹이면 아무데서나 토해 낸다. 또 어떤 날은 토할까 봐 겁이 난다며 음식 먹기를 거부한다. 가끔 숙제를 안 해 오기도 하고 학습활동 때 해야 할 일을 못할 때도 있다. 교사가 여진이로 하여금 방과 후 학교에 남아서 하고 가게 하면 여진이는 엎드려 있거나 공책을 찢어 버리기도 한다. 친구들은 이런 여진이가 이상한 아이라고 생각하고 있다.

교사의 대처

교사는 아이의 잘못된 식습관이 어디에서 비롯되었는지 원인을 파악하는 데

중점을 두었다. 아이는 어렸을 때 부모나 주변 사람의 과잉보호로 잘못된 식습관이 형성된 것으로 보였다. 잘못된 식습관은 아이의 건강에 불균형을 가져오기 쉽기 때문에 지도가 필요하였다. 먼저 교사는 아이가 싫어하는 음식은 먹지 않아도 됨을 인정해 주고 급식소에서 먹을 수 있는 음식만 가져가도록 허락해 주었다. 또 아이에게 토하는 것을 겁내지 말라고 지도하였으며, 아이가 토했을 때는 일단 아이를 진정시키고 치워 주었다.

아이가 식단에 싫어하는 음식이 있는데도 급식소에 안심하고 들어오게 되자 교사는 아이로 하여금 천천히 먹을 것, 싫어하는 야채도 맛은 볼 것, 좋아한다고 많이 먹지 말 것 등을 약속하고 지키도록 하였다. 아이가 약속을 지킬 때마다 어깨를 두드려 주기도 하고 엄지손가락을 치켜세워 주기도 하였다. 처음에는 교사 혼자 치우던 토사물을 나중에는 교사와 아이가 함께 치웠다. 아이의 토하는 횟수는 줄어들기는 했지만 편식은 계속되었다.

교사의 대처 방법 분석

잘한 점

- 아이의 잘못된 식습관에 대한 문제의 원인을 파악하기 위하여 노력하였다.
- 아이 마음을 인정해 주고 수용해 주었다.
- 아이가 교사와 함께한 약속을 지킬 때마다 칭찬을 해 주었다.
- 그날 해야 할 과제들은 꼭 해야 함을 강조하였다.

개선할 점

- 잘못된 식습관이 가정에서 비롯된 만큼 문제의 핵심에 대해 접근하여 부모와 함께하는 구체적인 전략이 필요하다.
- 아이의 식생활에 대한 보다 구체적인 지도가 필요하다.
- 아이의 학습 태도에 대해 구체적인 전략이 필요하다.
- 친구들과 함께하는 전략이 필요하다.

상담적 접근

일반적으로 할 수 있는 관심과 배려

- 교사는 아이가 잘못된 식습관을 가질 수밖에 없는 원인에 대해 정확하게 파악할 필요가 있다. 잘못된 식습관은 가정에서 비롯된 것이므로 가정에서 부모의 양육방식에 대하여 알아볼 필요가 있다. 학교에서 아이의 식습관에 대해 자세히 부모에게 알리고 그 문제 해결을 위하여 함께 고민하며 지도해 나가야 한다.
- 골고루 먹어야 하는 이유, 고기 반찬만 먹었을 때의 문제점과 야채를 먹어야 하는 이유에 대해 설명하고 대화할 필요가 있다.
- 아이가 구토할 수밖에 없는 상황을 이해해 준다. 구토했을 때 아이 생각에

대해 공감하고 수용하여 아이가 언제든지 안심하고 급식소에서 점심식사를 할 수 있도록 한다.

- 아이가 어느 정도 마음을 열게 되면 급식소에서 음식을 골고루 먹을 수 있도록 한다.

구체적인 전략

아이를 위한 전략

[여러 가지 음식 그림 자료나 사진, 모형 활용하기]

- 먹을 수 있는 음식과 먹을 수 없는 음식 구분하기
- 뜨거운 음식과 찬 음식 구별하기
- 씹어 먹는 음식과 마시는 음식 구분하기
- 먹고 싶은 음식 접시에 담아보기

[싫어하는 음식 말하기]

- 싫어하는 음식 종류 말하기
- 여러 가지 음식 그림 중 싫어하는 것 말하기
- 싫어하는 음식의 이유 말하기

• 싫어하는 음식의 좋은 점 찾아보기

[음식 알맞게 먹기]

• 같은 종류의 음식 나누어 자기에게 주어진 분량의 음식 먹기
• 천천히 음식 먹기
• 먹은 후 그릇을 지정된 곳에 놓기
• 구토하지 않은 날 표시하기, 일주일 동안 횟수가 줄어든 경우 강화하기

[편식의 좋지 않은 점 말하기]

• 몸이 허약해지고 비만해진다는 것을 알게 하기
• 좋아하는 음식만 먹으면 다른 사람의 식사에 피해를 준다는 것을 알게 하기
• 채소가 우리 신체의 어느 부분을 건강하게 해 주는지 알게 하기
• 육식이 우리 신체의 어느 부분을 건강하게 해 주는지 알게 하기
• 집에서 먹는 일주일의 식단과 학교 급식소의 식단을 비교하게 하기

아이를 위한 부모의 전략

• 학교에서 지도한 것과 연계지도하기
• 좋아하는 것 요구해도 주지 않기
• 1주일이 지나면 언어적 칭찬 및 물질적 보상하기

• 싫어하는 음식을 먹는 양 조절하여 끝까지 먹게 하기

• 음식을 골고루 먹는 행동 강화하기

학급에서 실시할 수 있는 전략 – 편식은 싫어요

• 예화 들려주고 이야기 주고받기

창수와 석이는 같은 반 친구입니다.
창수는 고기를 좋아합니다. 야채는 먹지 않습니다. 그래서 창수 어머니는 속이 상합니다. 식사시간마다 엄마는 창수와 실랑이를 벌입니다.
"창수야, 감자 반찬이 맛있겠다. 먹어 봐."
"싫어."
창수는 고기 반찬이 없다고 투정을 부립니다.
엄마는 할 수 없이 고기 반찬을 해 줍니다. 창수는 많이 먹습니다. 볼이 터지게 먹습니다. 창수가 토해 냅니다. 엄마는 그런 창수를 쳐다보며 걱정이 많습니다.

석이는 편식을 하지 않는 아이입니다.
석이는 음식이라면 무엇이든 잘 먹습니다. 좋아하는 음식이 나오더라도 적당히 먹습니다.
창수와 석이는 오늘도 함께 학교에 갑니다.
"아유, 배고파."

"너 또 밥 안 먹었구나."

"응, 엄마한테 햄버거 달라고 했더니 해 주지 않으셨어. 내가 제일 싫어하는 반찬만 있었어."

"너는 육식 공룡 같구나!"

"무엇이라고?"

"육식 공룡? 내가 왜 육식 공룡이냐?"

"고기만 좋아하잖아?"

• 창수의 모습과 석이의 모습을 그림으로 나타내어 보기

창수의 모습	석이의 모습

• 창수가 고쳐야 할 점 찾아 이야기 나누기

• 석이의 좋은 점 찾아 이야기 나누기

• 창수에게 주고 싶은 말하기

교실 밖으로 도망가는 아이

no.1 따라 올 테면 따라와

no.2 태희야, 이리와 보래도

무작정 교실 밖으로 도망가는 아이

수업 중이거나 쉬는 시간 등 시도 때도 없이 교실 밖으로 도망가는 아이의 경우다.

태희는 일반 초등학교에 있는 특수학급에 다니는 4학년 남자아이로 일반학급과 특수학급 생활을 병행하고 있다. 특수학급에서는 여러 학년의 아이들과 함께 생활하는데, 태희는 어린 학생들을 동생처럼 돌보며 학습을 도와줄 때도 있고 교사의 지시에도 잘 따르는 편이다. 그러나 일반학급의 수업시간에는 자리에 5분 이상 앉아 있기 힘들고 다른 친구들의 수업활동을 방해하는 행동을 자주 한다. 특히 쉬는 시간에 친구들을 툭툭 치고 지나다니다 친구들이 '왜 그래?' '하지마.' 등의 반응을 보이면 한 번 더 치고 잡아보라는 듯이 교실 밖으로 도망을 친다. 수업 중에는 담임교사가 태희의 잘못된 행동을 지적할 때나 칭찬을 할 때 등 태희에게 시선이 집중되면 담임교사를 한 번 쳐다보고 '씨익' 웃으며 교실 밖으로 뛰어나간다. 교사나 친구들이 따라가면 더 멀리 도망치곤 한다.

교사의 대처

태희는 친구에게 사소한 장난을 치고 난 후, 교사가 부르면 교실 밖으로 뛰어 나가곤 한다. 담임교사는 교실 밖으로 나갔다가 혹시 무슨 일이 또 생기지 않을까 걱정이 된다. 그래서 칭찬을 통해 태희의 습관을 고쳐 주고 싶으나 태희는 그때마저도 교실 밖으로 슬금슬금 도망을 가고 만다. 그런 태희의 모습을 보면 담임교사는 태희가 교문 밖으로 나가 교통사고라도 나지 않을까 걱정도 되고 태희를 잡는다면서 따라 밖으로 나가는 다른 아이들도 걱정이 되었다. 그러나 태희의 행동을 고쳐 줄 마땅한 방법을 찾지 못해서 고민이다.

교사의 대처 방법 분석

잘한 점

- 아이의 돌출행동이 더 큰 사고가 될까 염려되어 왜 태희가 교실 밖으로 나가는지 그 원인을 찾으려고 노력하였다.
- 아이의 행동에 피해를 받는 학급 아이들의 입장을 고려하려고 노력하였다.

개선할 점

- 아이의 행동을 고치기 위한 적극적인 대처 방법을 찾을 필요가 있다.
- 태희는 특수반 아이로 또래아동과 같은 인지 수준이 아니므로 아이의 전반적인 수준을 고려한 구체적이고 꾸준한 대처 방법 모색이 필요하다.

상담적 접근

일반적으로 할 수 있는 관심과 배려

- 태희처럼 특수반에 속한 아이의 행동 변화를 위해서는 교사의 인내심이 요구된다. 따라서 교사는 단기적인 지도에 의한 효과를 기대하기보다 장기적이고 지속적인 행동 변화를 요구하는 자세의 변화가 필요하다.
- 학급 전체 아이를 대상으로 또래와 다른 아이의 상황과 행동에 대해 객관적으로 설명하고 장애 이해 교육의 기회를 자주 갖는 것이 필요하다.
- 아이의 학급 내 문제행동에 대한 대처 방안 및 해결책에 대해 특수교육 담당 교사 및 학부모와 유기적인 연계를 도모하여야 한다.
- 아이에게 수업의 시작 종과 끝 종을 가르쳐 주고 수업시간 동안은 교실의 자기 자리에 앉아 있어야 함을 확실하게 알려 준다.
- 하루 일과표를 작성해 주고 스스로 체크하도록 하여 수업시간과 쉬는 시간을 구분할 수 있도록 하고 해당 시간에 해야 할 일들이 다름을 이해시킨다.
- 교실 밖으로 나가려고 할 때 손을 꼭 잡고 안아 준 뒤 등을 토닥거리며 안정시키는 자세를 취한 후 자리에 앉히고, 자리에 바르게 앉아 있을 때마다 칭찬을 해 준다.
- 아이가 교실 밖으로 나갈 기회를 준다. 친구와 함께 교사의 심부름을 시키

거나 쉬는 시간과 점심시간을 이용하여 친구, 교사와 함께 운동장이나 학교 주변을 산책하는 기회를 갖게 한다.

구체적인 전략

✰ 아이의 문제행동을 대치할 긍정적인 말과 관심 표현하기를 할 수 있다(현장특수교육, 2007년 5 · 6월호). 아이에게 '마라'의 금지보다 '하라' 처럼 긍정적 표현의 지시를 사용함으로써 긍정적인 행동에 교사의 관심을 집중시킨다.

[활동 1: 학생에게 긍정적인 메신저가 되라]

평소 학생에게 흔히 사용하는 '마라'의 금지 메시지를 '하라'의 긍정적 표현으로 바꾸어 본다.

'마라' 금지의 표현	'하라' 의 증정적 표현
교실 밖으로 나가지 마라.	자기 자리에 바르게 앉자.
계단을 뛰지 마라.	계단에서는 사뿐사뿐 차례차례 가자.
소리 지르지 마라.	실내에서는 물고기처럼 조용조용 얘기하자.

[활동 2: 부적절한 행동은 무시, 올바른 행동은 보상하기]

- 학생의 바르지 못한 행동은 체계적으로 무시하고 바른 행동은 충분한 긍정적 관심과 보상을 한다.
- 학생의 올바른 행동에 대해 다양하고 구체적이며 긍정적인 보상을 준다.
  - 개별 스티커제: 교실에 개인별 스티커 판을 놓고 정해진 올바른 행동을 하면 스티커를 붙여 월말, 학기말, 학년말에 담임상을 시상한다.
  - 모둠별 스티커제: 모둠별 스티커판을 마련하여 모둠의 장이 하루 일지를 작성하여 담임교사에게 확인받은 후 정해진 스티커를 스티커 판에 붙인다.

물고기 모둠 일지

- 모둠장 이름:
- 작성 방법
  - 일기: 써 오면 5점, 안 써 오면 0점
  - 학습 준비물: 전 날의 알림장을 보고 과목별 1점씩
  - 과제: 전 날의 알림장을 보고 과제별 3점씩
  - 역할 분담: 완료하였을 때 2점, 완료하지 못하면 0점
    특별한 사정 시 합리성 여부를 기준으로 모둠 협의로 결정
  - 아침 자습: 완료하면 2점, 안 하면 −2점

순	모둠원 이름	일기	학습 준비물	과제	역할 분담	아침 자습			계	선생님 확인
1	권OO									
2	김OO									
3	최OO									

• 다양한 보상물 제공: 아동이 직접 강화 메뉴를 작성하게 하면 효과적이다.

강화메뉴

• 좋아하는 것 하기
- 선생님 컴퓨터로 1회 20분 인터넷하기
- 친구에게 듣고 싶은 노래 1회 시키기
- 장난감 교실에 가져와서 쉬는 시간 5분 내에 놀기
- 좋아하는 동영상 가져와서 친구들과 보기
- 퍼즐 게임하기
- 1일 반장이나 모둠장 역할 하기 등

• 좋아하는 음식 선생님께서 사 주기
(단, 천 원 이하로 구입하기 쉬운 것으로 선택)

오늘은 나의 나무가 얼만큼 자랐을까

[학생의 향상 과정을 한 눈에 알 수 있도록 도표와 그래프로 시각화]

학생 스스로 해당되는 요일 위에 교실 밖으로 나가고 싶었으나 참았던 횟수만큼 파란색(학생과 약속된 색으로 결정함)으로 칠하되, 토요일과 일요일은 학부모님과 연계하여 가정에서 진행한다. 활동 결과에 대한 예시는 다음과 같다.

7							
6							
5							
4		■					
3		■					
2	■	■					
1	■	■					
분포(초)/횟수	월	화	수	목	금	토	일

학생은 교사의 그림자

교사 스스로 학생에 대한 대처 반응을 적어 본다. 교실에서 학생들이 흔히 보이는 문제행동에 대해 그 행동이 일어나는 상황과 그때 교사가 어떻게 대처(반응)하였는지 적어 본다. 그 예는 다음과 같다.

발 생 상 황	학 생 행 동	교 사 반 응
선생님이 방과 후 시간에 수학 연습 문제를 풀라고 함	학생이 밖으로 뛰어나감	학생 이름을 부르면서 못 나가게 잡으려고 학생이 있는 쪽으로 급히 달려감

변화된 상황	학생 행동	변화된 교사반응
• 출입문과 멀리, 교사와 가까이 학생 자리 배치 • 10분 간격으로 바른 자세로 앉아 수업 듣기 행동에 대해 칭찬 • 뒷문을 잠그고 앞문만 사용	학생이 의자에서 일어나 문쪽으로 달려감	앉으라고 지시하고 문쪽으로 빨리 가서 문을 등지고 막음

물건을 집어 던지는 아이

no. 1 왜 나만 갖고 그래

no.2 재준이가 물건을 마구 던져요

다른 사람이 자신을 해롭게 한다고 느끼거나 화풀이로 물건을 마구 집어던지는 아이

친구들이 자신을 놀리거나 치고 지나가거나 물건을 떨어뜨리는 등 사소한 실수를 하면, 주변의 물건을 집어 던지며 화풀이를 하는 경우다.

재준이는 교과 성적이 상당히 우수한 편이고 혼자 책 읽기를 좋아하는 남자아이다. 그러나 모둠활동에서 친구들의 의견을 무시하는 경향을 자주 보이며 친구들이 자신의 의견을 따라주지 않으면 아예 참여하지 않고 방해하는 행동을 한다. 수업시간이나 쉬는 시간에 친구들이 사소하게 자신을 치고 지나가거나 자신의 물건을 만지면 손에 집히는 대로 마구 집어 던지며 소리를 지른다.

어느 날, 점심시간 음식을 받고 있던 자신의 식판을 옆의 친구가 모르고 건드리고 지나갔다고 재준이는 가지고 있던 식판을 바닥으로 내팽개치고 괴성을 지르며 그 친구에게 다가가 주변의 물건을 마구 던졌다. 그 일 이후 친구들은 재준이와 함께 앉기를 꺼려하고 같은 모둠이 되기를 두려워하고 있다.

교사의 대처

담임교사는 화만 나면 물건을 마구 집어 던져서 교실을 난장판으로 만드는 재준이의 모습에 두려워하는 아이들이 걱정이다. 친구의 작은 실수도 용납하지 않는 재준이가 이상하기도 하였다. 그러나 담임교사로서 재준이가 물건을 던지는 버릇을 멈췄으면 좋겠지만 어떻게 해야 할지를 모른다. 재준이의 입장을 충분히 들어주고 싶지만 재준의 행동이 이해가 되지 않고 때로는 재준이가 밉다는 생각이 들 때도 있으며, 학생을 미워하는 자신의 모습에 자책하고 있다.

교사의 대처 방법 분석

잘한 점

- 아이의 행동에 대한 원인을 찾으려고 노력하였다.
- 아이의 물건을 집어 던지는 행동에 대해 학급 아이들이 느끼는 두려움을 인식하고 있다.
- 자신의 감정을 누르고 최대한 학생에 대해 예의를 지키려고 노력하였다.

개선할 점

- 아이의 행동에 대해 담임교사와 학부모가 연계된 체계적인 접근이 필요하다.
- 아이에 대한 부정적 감정을 억지로 누르기보다 아이에게 자신이 느끼고 있는 감정을 솔직하고 진솔하게 표현하되 아이의 행동이 걱정됨을 알리는 자세가 필요하다.
- 아이가 학교생활에서나 일상생활에서 자신의 분노 표출 시 해야 할 일과 하지 말아야 할 일을 명확히 구분지어 줄 필요가 있다.

상담적 접근

일반적으로 할 수 있는 관심과 배려

- 아이가 물건을 집어 던지는 행동을 함으로써 얻게 되는 이득을 아이 입장에서 생각해 보고 문제행동을 강화시키는 유발 요인에 대해 점검하고 차단하도록 한다.
- 최근의 경험과 아이의 행동 목록을 검토해 본 후, 아이가 어떤 충동적 행동을 하는가, 어떤 상황에서인가, 언제인가 등을 살펴보고 교사나 부모가 가장 먼저 수정하고 싶은 문제행동이 무엇인지 찾아낸다.
- 아이의 행동에 대한 학급 아이들의 두려움 상태를 인식하고 대처 방안을 알려 준다. 예를 들면, 아이의 옆을 지날 때는 스치거나 물건을 만지는 등의 행동이 일어나지 않도록 최대한 조심시킨다. 또 담임교사가 없을 때 아이의 행동이 표출되는 경우의 대처 방안도 주지시킨다. 던진 물건에 맞거나 피해를 당하는 친구가 없도록 모두 안전한 곳(교실 밖, 복도 등)으로 나가고 최대한 빨리 담임교사나 다른 교사에게 알리게 한다.
- 아이에게 자신의 행동이 다른 친구들에게 피해를 주고 있음을 인식시킨다.

구체적인 전략

망설임 반응하기

아이와 물건을 집어 던지는 충동과 행동 사이의 시간 간격을 늘리기 위해 망설임 단계를 만들어 연습하게 한다. 해당 단계의 순서는 아이와 교사가 함께 협의하여 결정하도록 하되 가급적 아이가 주도하도록 한다. 아이 혼자 시도해 보기 전에 교사가 직접 지도하여 여러 번 그 반응을 연습하게 하고 아이 스스로 망설임 반응을 사용할 때마다 칭찬과 보상을 확실히 제공한다.

물건을 던지게 하는 요인	아이가 느끼는 심한 정도	교사와 아이가 정한 망설임 단계
친구가 자신의 팔을 스치는 행동	상	1단계: 물건을 던지고 싶은 충동이 생긴다. 2단계: 손가락을 꼽으며 큰 소리로 숫자 10에서 0까지 거꾸로 센다. 이때, 틀리면 처음부터 다시 세어야 한다. 3단계: 두 손을 깍지 끼고 머리 위로 올렸다 내리는 동작을 10회 한다. 4단계: 친구에게 가까이 간다. 5단계: 친구에게 다가가 눈을 쳐다보며 "네가 내 팔을 쳤어."라고 말한다.

인내심 훈련하기

다양한 환경에서 조용하게 있는 시간을 늘리거나 그런 방법을 익히게 한다. 아이가 인내심 목표를 정하여 최종 목표에 도달할 때까지 점진적으로 인내심 훈련을 계속한다. 그 예는 다음과 같다.

활동명: 인내심 훈련

- 활동방법: 인내심 기록카드 만들기, 짧은 상황으로 나누어 시간 재기
- 목표: 급식 시간에 차례대로 급식받기
- 규칙: 5분 동안 줄서서 기다리기

1~5 분	분 초
6~10분	분 초

이완훈련

몸을 이완시키는 훈련은 근육과 마음의 긴장을 풀어 주고 충동 행동을 현저히 줄여 줄 수 있다.

[1단계 – 큰 하품 잔치]

교사가 입을 크게 벌리고 코를 찡긋하면서 마치 크게 하품하는 듯한 행동을 아이에게 보여 주며 아이에게 하품 행동을 되풀이하도록 요구한다. 이런 자세를 잠시 유지하고 입을 통해 숨을 깊이 들이쉰 후 갑자기 내쉰다. 닫은 입을 약간 벌리고 이완된 상태를 유지한다.

[2단계 – 복식호흡하기]

손을 배꼽 위에 놓고 복식호흡을 한다.

[3단계 – 이완훈련]

이완된 상태에서 가장 좋아하는 장면을 말로 자세히 묘사한 카세트테이프를 듣거나 바닷가나 산 같은 가장 좋아하는 장소를 상상하여 근육긴장을 이완시킨다. 또는 천장에 달린 줄로 팔다리가 조종되는 '꼭두각시' 인형이라고 상상한 다음 손, 팔과 다리의 긴장과 이완을 번갈아 가며 반복 훈련한다.

[4단계 – 모든 단계 함께 수행하기]

학생이 큰 하품하기, 복식호흡하기, 이완훈련을 결합하여 함께 병행할 수 있도록 지도한다.

자폐로 인하여 수업을 방해하는 아이

no.1 선생님 제 때문에 너무 시끄러워요

선생님 영수 때문에 뭐라고 하시는지
들리지가 않아요.
에 에 에
보조선생님 영수 잠시만
데리고 나가서 진정 좀
시키고 와 주실래요.
네. 영수야 우리 잠깐
바람 쐬러 갈까?
에 에
얘들아 그러니까
전구를 발명한
사람이 누구일까?
선생님 영수 재 우리 반에서 공부하지 말고
희망반에 계속 있으면 안 되요?
정길아, 그런 소리
하면 안 돼. 영수가 조금
아파서 그런 거야. 영수도
엄연히 우리 반인데 조금
아프다고 우리 반에 오지
말라고 하는건 안 되는 거란다.
재 때문에 시끄러워서
공부를 할 수가 없잖아요.
그래서 보조선생님이 들어오셔서
도와주시는 거야, 우리가
조금만 더 이해해 주자.

no.2 선생님 아이들이 조금 이상한 행동을 해요

no.3 영수가 멜로디혼을 아주 잘 치네

자폐로 인해 수업을 방해하는 아이

자폐증을 앓는 어린이로 수업시간에 괴성을 질러 수업에 방해가 되는 경우다.

영수는 2학년 남자아이로 전반적 발달장애 중 자폐증으로 진단받아 특수학급에 입급되어 있는 아동이다. 특수학급 보조원이 영수를 보조하기 위해 함께 학교생활을 도와준다. 그래서 특수학급에 갔을 때는 물론 원적 학급의 교실에서도 보조원이 옆에 앉아 함께 수업을 도와주며 학교생활을 한다. 영수는 자폐가 심하여 수업시간에 이상한 소리를 자주 내고 담임교사와는 거의 의사소통이 불가능한 상태다.

교사의 대처

영수가 자폐증이라는 것을 알고 학부모와의 상담을 통하여 학급에 보조원을 배치하였으며, 학급 내에서의 통합교육을 위해 노력하였다. 그러면서 학급의 다른 친구들이 영수에 대해 이해하도록 도왔으며 보조원과의 긴밀한 협조체제로 학급을 운영하였다.

교사의 대처 방법 분석

잘한 점

- 학급에 특수 보조원 배치를 적극 추진하여 아이의 학교생활을 도왔다.
- 학급 내의 다른 아이들에게 영수의 상태를 설명하여 이해를 도우려고 노력하였다.
- 아이의 잘하는 점이 드러났을 때 적극 칭찬하였다.

개선할 점

- 아이를 체계적으로 교육시키기 위하여 영수를 담당하는 특수보조원과 특수학급 담임교사와의 좀 더 유기적인 체제를 유지한다.
- 학급 내의 집단상담을 통하여 자폐증이 있는 아이와 함께 생활해 가는 법을 함께 생각해 보아야 한다.
- 가정과의 상담 및 외부 치료활동의 연계를 시도한다.

상담적 접근

일반적으로 할 수 있는 관심과 배려

- 가능한 긍정적인 표현을 사용한다. '안 돼' '하지마' 보다는 '어떻게 하라'고 방법을 가르쳐 주도록 한다.
- 상대방의 말에 주의를 기울여 잘 듣는 기술을 알려 준다.
  - 상대의 말에 주의를 집중할 수 있도록 눈을 보고 듣도록 해 준다.

- 지시하는 말은 길게 하지 말고 순서적으로 짧고 분명하게 말해 준다.
- 말을 하면서 그림으로 상황이나 내용을 알려 주는 것도 좋다.

• 막연한 질문을 하지 말고 항상 분명하고 정확하며 쉬운 질문을 해 준다.
  - '저 곳을 청소해라!' 보다는 청소하는 과정을 알려 준다. '비를 들자. 이제 바닥을 쓸자.'
  - '네가 준비되면 나갈 꺼야.' 보다는 '공을 장난감통에 넣고 오너라. 그러면 나갈 꺼야.'

• 적절한 정보를 다양하게 제공해 준다. 다음에 일어날 일들을 항상 미리 이야기해 준다. 그러면 변화에 당황하지 않고 준비할 수 있다. 영수의 경우 특히 변화를 두려워하여 본인이 두려울 때는 이상한 상동행동, 반복행동, 예를 들면 '에에에에' 와 같은 소리를 계속 내거나 손을 계속 움직인다거나 자해행동을 하므로 다음에 일어날 일들을 미리미리 예고해 준다.

• 사용하는 언어는 아주 쉽고 분명하고 간략하게 한다. 너무 많은 지시나 설명은 오히려 아이를 좌절시키고 혼돈시키게 되므로 일관되게 작은 단계부터 하나씩 알려 준다.

• 명령을 줄이고 지시를 할 때는 가능하면 긍정적인 태도로 해 준다. 아이가 엉뚱한 반응을 보이거나 반응이 없다고 해서 위협을 하거나 짜증을 내기보다는 긍정적인 태도로 대해 주어야 한다. 그래야 거부반응이 적다.

• 질문을 할 때 아이의 능력에 어울리는 양식을 사용한다. 무엇인가를 선택해야 할 상황에서 말로 이럴까 저럴까 하는 것보다는 그림을 보여 주어 고

르도록 한다면 선택사항을 더욱 쉽게 이해할 수 있다.

- 일관되고 중립적인 자세를 가지고 질책은 피한다. "그것을 가지고 놀지 말라고 했지!"보다는 "우리가 정한 규칙은 유리를 가지고 놀지 않는 거야. 그 규칙을 지키자!"라고 한다.
- 위협은 피한다. "네가 계속 돌아다니고 떠들면 우린 간식 시간을 갖지 않을 꺼다!"보다는 "조용히 하자. 그러면 우리 간식 시간을 가질 거야."라고 한다.

구체적인 전략

자폐아동의 지원 방법

자폐증은 발달장애에 속하며 '사회성 발달장애'를 자폐의 일차적인 장애로 꼽는다. 그러므로 자폐학생 교육 역시 사회성 발달을 촉진시킬 수 있는 기능적인 언어 교육에 초점을 두어야 한다. 담임교사는 특수교사와 협의하여 장애아동이 되도록 다른 아이들과 접촉할 수 있는 기회를 많이 주고 또래 아동과 함께 학습하고 상호작용할 수 있는 기회를 다양하게 제공하도록 한다.

[이상한 몸짓을 자꾸 할 때]

자폐성 장애아동이 같은 말을 되풀이하거나 이상한 몸짓을 반복적으로 할 때 옆에서 그 말이나 행동을 따라하는 것은 좋지 않다. 자폐아동이 그렇게 하는 것이 바람직한 행동인 줄 알고 계속할 수 있기 때문이다. 그러므로 담임교사는 아이가 어디가 불편해서 그런지 물어보고 대답을 하지 않고 계속하면 그만하라고 이야기해 주도록 한다.

[대화 방법]

자폐성 장애아동과 대화할 때는 '분명한 목소리로 천천히 말하고, 말을 끝까지 잘 들어주는 태도' 가 필요하다. 말이 안 통해 간혹 바닥에 드러누워 고집을 부리거나 이상한 행동을 할 때는 특수교사에게 어떻게 해야 하는지 물어보는 것이 좋다.

아동이 괴성을 지르고 우는 행동을 하는 데는 다음과 같은 이유가 있다.

- 한 가지 과제에서 새로운 과제로 전환될 때
- 일정한 생활 양식이 흩어졌을 때
- 현실적으로 아무런 해를 주지 않을 어떤 사건에 대해서 공포와 불안을 느낄 때

괴성을 지르며 우는 행동은 다음과 같이 교정한다.

- 괴성을 지르고 울 때는 자신을 해칠 수 있는 물건이 없는 곳에 혼자 고립

시킨다.

- 조용해질 때만 보상한다.
- 조용해지면 아동을 다시 의자에 앉히고, 먹을 것을 옆에 놓아 두고, 과제를 끝마칠 때까지 먹지 못하도록 한다.
- 다시 괴성을 지르고 울어대면 무시해 버리거나 고립시킨다.
- 아이 스스로 과제를 시작하면 교사는 웃으면서 칭찬해 준다.
- 과제를 끝내면 등을 두드려 주고 웃으며 먹을 것을 준다.

[수업시간에 반향어나 혼자 중얼거림을 계속할 때]

- 반향어를 할 때 다른 말을 시키거나 다른 과제를 제시한다.
- 반향어를 자폐아동에게 말을 가르칠 수 있는 좋은 기회로 활용한다. 아이가 반향어를 할 경우 무조건 "하지마"라고 하는 것보다는 반향어를 이용해 가르치고 싶은 말, 아이에게 필요한 말을 지도하는 것이 필요하다. 반향어가 의미 없어 보이지만 의사소통을 위한 시도일 수 있으므로 발전시켜 주어야 한다. 예를 들면, 자폐증 아동이 "호빵맨, 호빵맨" 하고 반복해서 말하면 "영수야, 너 어제 호빵맨 텔레비전에서 봤니? 재미있었어?"라고 반응해 주면 아이는 자신이 한 말에 의미를 부여하게 된다.
- 다른 아이들이 웃거나 따라 하지 않도록 지도한다. 다른 아이들이 반향어가 재미있어서 따라 하거나 웃을 경우 상황과 때에 맞지 않는 반향어를 더 하거나 심해질 수 있다.

[자해행동(손 물기, 뛰어내리기)을 할 때]

자해행동은 일반적으로 과제가 하기 싫거나 어려울 때 회피반응으로 나타나거나 목적하는 바를 얻으려고 주의를 끌기 위해 시도되기도 한다.

[어렵거나 하기 싫은 과제의 회피반응일 때]

- 쉬운 과제를 주거나 줄여 준다.
- '쉬었다 할래요.' 나 '이거 어려워요. 도와주세요.' 등의 휴식이나 도움을 요청할 수 있는 말을 가르친다.
- 학생이 하고 싶어 하는 과제를 선택하게 해 준다.

[관심을 끌려고 자해행동이나 위협을 할 때]

- 아주 심각한 자해행동이 아닌 경우에는 무시하는 것이 좋다. 무시를 하면 주의를 더 끌기 위해 일시적으로 자해행동이 심해지기도 하는데 자해행동이 주의를 끄는 방법이 아님을 깨달을 때까지 태연하게 지속적으로 무시하는 것이 좋다. 무시할 때에는 학급 아이들과 미리 약속을 해서 함께하는 것이 필요하다.
- 심각한 자해행동일 때에는 화를 내거나 당황하지 말고 제지한다. 감정변화가 없는 침착한 표정으로 신속하게 제지하는 것이 좋으며, 제지한 후에는 야단을 치기보다는 무시한다. 교사나 학급 아이들이 장애아동의 행동에 당황하거나 흥분하면 그것이 장애아동에게는 강화 요소로 작용할 수

있다.

- 자해행동이 일어나는 상황을 관찰하여 대신할 수 있는 말을 가르친다.
- 관심을 보여 주는 일정한 시간을 교사와 함께 계획하거나 그들의 관심사에 대해 관심을 표시해 준다.
- 가능한 혼자 있도록 내버려 두지 말고 또래 사이에 참여해 같이 놀 수 있도록 기회를 만들어 준다.
- 긍정적인 행동으로 감정을 표현할 때 칭찬을 해 준다.

모●자기 아이만 미워한다고 항의하는 학부모●아이의 말만 믿는 학부모●교사에게 무리한 요구를 하는 학부모●아이의 자신감만 지켜주
학부모●학교생활을 스스로 할 수 없게 하는 학부모●교사를 모략하는 두 얼굴의 학부모●학급 일을 학교 관리자에게 상의하는 학부모●
에 너무 무관심한 학부모●학교에 지나치게 자주 찾아오는 학부모●내가 한 만큼 돌려받고 싶은 학부모● 교사에게 반말하는 학부모●
에게 호의적지 못한 학부모●자신들의 문제를 교사에게 전가하는 학부모●자기 입장만 이야기 하는 학부모●교사를 믿지 못하는 주궁형
기 아이를 과대평가하는 학부모●교사에게 촌지 주는 학부모●자기 아이만 미워한다고 항의하는 학부모●아이의 말만 믿는 학부모●교
한 요구를 하는 학부모●아이의 자신감만 지켜주고 싶은 학부모●학교생활을 스스로 할 수 없게 하는 학부모●교사를 모략하는 두 얼굴의
학급 일을 학교 관리자에게 상의하는 학부모●자녀의 학습에 너무 무관심한 학부모●학교에 지나치게 자주 찾아오는 학부모●내가 한 만

2 수업 참여의 문제

이물질을 씹는 아이

소리에 집착하는 아이

수업시간 중에 돌아다니는 아이

아무데서나 용변을 보는 아이

먹은 음식을 토하는 아이

교실 밖으로 도망가는 아이

물건을 집어 던지는 아이

자폐로 인해 수업을 방해하는 아이

체육수업에 참여하지 않으려는 아이

좋아하는 것만 참여하고 나머지는 신경쓰지 않는 아이

한글을 깨우치지 못한 아이

보청기를 낀 아이

들리지 않는다는 사실을 숨기고 싶어 하는 아이

자신이 특수학급에 속해 있다는 것을 용납하지 못하는 아이

공격적으로 행동하는 아이

학급 친구들과 의사소통이 되지 않는 아이

주위 친구들과 전혀 어울리지 않는 아이

뭐든지 마음대로 하는 아이

체육수업에 참여하지 않으려는 아이

no. 1 민규야, 어디 가니

no.2 민규야, 스트레칭하자

체육수업에 참여하지 않으려는 아이

수업뿐만 아니라 특수보조교사가 도움을 주는 체육수업마저 참여하려 하지 않고 방관만하다 그마저 지루해지면 수업시간 중에 교실 밖으로 나와 돌아다니는 경우다.

민규는 선천적 뇌병변으로 인한 뇌병변 1급 장애아동으로, 신체장애와 지적장애를 같이 가지고 있는 5학년 남자아이다. 민규의 어머니는 민규의 학습 면보다는 사회성에 초점을 두고 친구를 사귀고 적절한 사회생활을 할 수 있도록 도와주기 위해 민규를 통합학급에서만 수업을 받게 하였다. 저학년 때까지는 민규가 통합학급에서만 수업을 받는 것이 별 문제가 없었고 친구들과도 그럭저럭 잘 지냈다. 하지만 고학년이 되면서 민규는 학급 내에서 아무것도 스스로 할 수 없는 아이가 되어 있었다. 민규는 그동안 통합학급에서 장애아동이라는 이유로 숙제는 물론 청소를 안 해도 되었고 심지어 수업시간이 지루해지면 수업 중이라도 밖으로 나갔는데, 그럴 때마다 아무도 간섭하지 않았다. 이렇다보니 민규는 학습에만 참여하지 않는 것이 아니었다. 친구들과의 상호작용도 거의 없어지고 특수보조교사가 도움을 주는 체육시간마저도 참여하지 않으려고 한다.

교사의 대처

민규는 통합학급에서만 수업을 받고 특수학급에서의 교육을 전혀 받지 않아 민규가 특수교사와 만나는 시간은 방과 후 미술치료 시간뿐이다. 미술치료도 전문강사가 하고 특수교사는 그저 민규를 지켜보기만 할 뿐이었다. 그러다가 특수보조교사에게 체육시간에도 민규가 수업에 참여하지 않으려 한다는 소리를 듣고 민규에 대해 관심을 가지게 되었다. 민규는 부모님의 반대로 특수학급에서 수업을 받지 않았으므로 사실 특수교사와는 아무런 관련도 없다. 하지만 민규를 3년째 도와주는 특수보조교사로부터 민규가 점점 일반 학급에서 외톨이가 되고 아무것도 안 하려 한다는 이야기를 듣고 도움을 줄 수 있는 방법을 알아보았다.

민규의 미술치료 검사 결과, 민규의 마음속에 가장 큰 자리를 차지하는 것은 형이고 다음으로 어머니, 아버지 순으로 가족관계가 나쁜 편은 아니지만 아버지는 민규에게 그리 큰 역할은 하지 못하고 있다는 해석이 나왔다. 또한 민규가 가장 많이 의지하는 형이 한참 예민한 사춘기 시기라서 최근에 장애를 지닌 동생을 멀리하여 민규가 외로움을 많이 느끼고 있는 것 같았다.

특수교사는 민규에게 수업시간에 교실이 답답해지면 다른 데로 가지 말고 희망반(특수학급)으로 오라고 하였다. 민규는 좀처럼 수업시간 중에 희망반에 오지 않았지만 수업이 끝난 후에는 친구 한 명과 종종 희망반에 놀러 왔다. 희망반에 와서도 민규는 어느 한 놀이에 집중하지 않고 이것저것 만지는 수준이었으며, 같이 온 친구와도 거의 대화가 없었다. 특수교사는 일단 민규가 어느 한 놀이에 집중할 수 있도록 민규와 퍼즐 맞추기 놀이를 하였다. 민규가 좋아하는 캐릭터가 그려진 그림을 인쇄해서 여러 조각으로 나눈 후 퍼즐처럼 한 조각 한 조각 맞춰서 캐릭터를 완성하게 하는 놀이였다. 민규는 퍼즐 맞추기에 관심을 가지고 퍼즐이 완성될 때까지 그만한다는 소리 없이 잘 참여하였다. 이 외로 민규가 좋아하는 캐릭터로 틀린 그림 찾기 놀이도 실시하였다. 이러한 놀이를 하는 동한 민규는 특수교사를 좋아하게 되었고 자신도 희망반에서 공부하고 싶다는 말도 하게 되었다. 특수교사는 민규 어머니에게도 가정에서 좀 더 심도 있는 의사소통과 정서적 안정감을 얻을 수 있도록 거울놀이를 권하였다. 거울놀이는 한 사람을 거울 역할을 하게 해서 상대방의 행동을 따라하게 하는 것인데 시각 집중력과 정서적 안정감을 준다고 한다. 이런 특수교사의 노력으로 민규 어머니도 민규가 특수학급에서 수업 받는 것을 고려해 보겠다는 마음의 변화를 가져오게 되었다.

교사의 대처 방법 분석

잘한 점

- 아이에게 관심을 갖고 아이 수준에 맞는 교육을 하려고 노력하였다.
- 아이 어머니가 아이에게 진정 필요한 교육이 무엇인지 객관적으로 판단할 수 있는 기회를 제공하였다.
- 아무것에도 관심이 없는 장애아동에게 무언가 해 보려는 마음을 갖게 하였다.

개선할 점

- 아이는 정신지체뿐만 아니라 신체장애가 더 큰 아동이므로 신체장애를 극복할 수 있는 방법을 강구할 필요가 있다.
- 아이가 학급과 학교에 소속감을 갖도록 도와준다.
- 자신이 할 수 있는 체육수업에 참여할 수 있도록 자신감을 회복시키고 신체활동을 즐길 수 있는 방법을 찾는다.
- 특수교사와 통합학급 교사가 함께 문제를 해결하도록 노력한다.

상담적 접근

일반적으로 할 수 있는 관심과 배려

친구 프로그램(도우미) 활용

통합학급에서 적절한 상호관계를 맺지 못하는 아이가 자신감을 갖고 친구들과 또래관계를 맺을 수 있도록 아이를 이해하고 도와줄 수 있는 또래 친구를 만들어 준다.

✗ 집단 강화

아이가 통합학급에서 더 이상 위축 · 고립되지 않도록 '함께하자고 요청하기' 훈련을 통해 자신의 의견을 표현할 수 있도록 연습시킨다. 학급 아이들에게도 체육수업이나 놀이활동에 민규가 먼저 '같이 하자.' 는 의사 표현을 하면 무조건 끼워 주기 약속을 하여 이 약속이 잘 지켜진 집단에게 보상을 해 준다.

✗ 아이에게 학급과 학교에 소속감 갖도록 도와주기

소속감이 없고 친구들과 어울리지 못하는 아이를 위해 민규의 미술 작품을 학급 작품판에 게시해 준다. 또한 비장애아동이 장애아동과 어떻게 의사소통할 수 있는지를 가르쳐 준다.

✗ 교수방법과 교수매체 재구성

아이가 신체적 장애뿐만 아니라 지적 장애가 있음을 고려하여 싫증을 느끼지 않고 학습할 수 있도록 교수방법과 교수매체를 아이에게 적절하도록 준비한다. 아이의 신체적 수준을 고려하여 체육수업의 수준을 아이의 수준에 적절하도록 재구성한다.

구체적인 전략

민규가 통합학급에서 소속감을 갖고 친구들과 상호작용을 하기 위해서는 사회성 발달과 적응상의 문제를 지원해야 한다(이소현, 1998). 일반 아동과 장애아동 간의 상호작용은 다음의 방법을 통해 촉진될 수 있다.

협동학습으로 일반 아동과 장애아동이 한 팀을 이루어 수업 중 활동이나 과제를 공동으로 수행하게 하기

• 협동학습은 특정 아이들이 고립되는 것을 막고 수용적인 분위기를 만들어 준다. 이러한 협동학습을 수행하기 위한 단계가 필요하다.

- 교수목표 결정
- 교수목표 및 교수활동에 따른 적절한 인원 수 결정
- 일반 아동과 장애아동이 다양하게 포함되도록 그룹 구성
- 각 아동들이 적절한 역할을 수행하도록 구조화
- 장애아동에게 수행 가능한 타당한 과제 부여
- 적절한 교재 제공
- 과제 설명 및 협동목표 제시
- 모든 아동에 대한 도와주기, 가르치기, 나누기 등의 기술 사용 훈련
- 활동 중의 상호작용 관찰

- 장애아동이 협동학습 활동에 성공적으로 참여하기 위해서는 미리 필요한 기술을 준비시키거나 특별한 지원을 부가적으로 제공해 줄 필요가 있다. 특히 그룹활동에 요구되는 사회적 기술이나 특정 학문적 기술이 필요할 수 있으므로 교사의 사전 배려가 중요하다. 또한 일반 아동은 그룹 내의 장애아동에게 필요한 교수를 제공하고 격려해야 한다.
- 협동학습은 여러 가지 형태로 사용될 수 있다.
  - '함께 학습' 방법: 교사가 먼저 수업을 진행한 후에 아동들이 작은 집단으로 나누어 연습지를 함께 풀고 성적과 칭찬을 단체로 받는다.
  - '개별화 보조 학습' 방법: 연습지를 개별적으로 푼 다음에 각 아동들의 향상 정도를 팀의 성적으로 반영한다.
  - '토너먼트식 게임 학습' 방법: 교사의 수업 후 연습지를 푸는 대신 각 그룹의 비슷한 성취 수준을 보이는 아동들끼리 토너먼트식 게임을 진행하여 각 아동의 향상 정도에 따라 팀의 점수가 올라가게 한다.

또래 교수자/특별 친구 프로그램

[또래 교수 프로그램]

이 프로그램은 또래를 선정하여 대상 장애아동에게 학문적 기술을 가르치게 하는 프로그램으로 일반 학급의 비장애아동은 또래 교수자(peer tutor)나 특별 친구(special friend)의 자격으로 도움을 필요로 하는 특수학급의 친구들에게 지원과 보조를 제공한다. 또래 교수자를 활용하게 되면 또래가 장애아동에게 직접적으로 사회적 기술을 가르치는 것은 아니지만 장애아동에게 사회적 상호작용의 빈도나 시간을 증진시키기 위한 상황과 기회를 제공할 수 있다는 장점이 있다.

[특별 친구 프로그램]

이 프로그램은 지체장애아동이나 시각장애아동들이 학교 주변을 보행할 때 도움을 주고 정신지체아동들과 함께 언어적 상호작용이나 게임을 하면서 나이에 적절한 여러 가지 기술을 학습할 수 있는 기회를 제공하는 방법이다. 일반아동과 장애아동 간의 우정을 형성시키는 특별 친구 프로그램은 자연스럽게 발생하는 상호작용을 강화할 수도 있으며, 아동들에게 상호작용에 필요한 특정 정보나 기술을 제공해 줄 수도 있고, 좀 더 구조화된 환경을 통해서 특별 친구(장애아동)를 도와주고 상호작용하기 위한 훈련을 구체적으로 제공할 수도 있다.

좋아하는 것만 참여하고 나머지는 신경 쓰지 않는 아이

no.1 소란이는 수업시간에 벌을 많이 받았어요

no.2 선생님 설명이 무슨 말인지 몰라요

집중할 수 있는 것에 편차가 심한 아이

주의력결핍 및 과잉행동장애를 보이는 아이로 만화, 미술활동, 음식 만들기 등의 신체활동 이외에는 관심이 없어서 교사 바로 앞에서도 수업에 집중하지 못하는 경우다.

소란이는 신체적 결함이나 두뇌의 이상은 없으나 좋아하는 과목에만 신경 쓰고 나머지 과목은 신경 쓰지 않는 6학년 여자아이이다. 자기가 좋아하는 일에는 폭 빠져서 교사의 이야기도 잘 듣지 못하고 수업 준비도 하지 못할 정도다. 좋아하지 않는 수업시간에는 3~4분의 집중도 어렵고 교사가 주의를 주어도 그때뿐이다. 학원에 다니고는 있으나 기본학습부진을 보인다. 1학년과 4학년 남동생이 있는데 4학년 남동생도 소란이와 비슷하다.

교사의 대처

소란이는 말을 잘하고 보통 지능을 가지고 있으나 ADHD(주의력결핍 및 과잉행동장애) 증상을 여러 개 가지고 있는 기본학습부진아이이다. 친구관계나 산만한 행동, 숙제를 하지 않는 태도 외에도 문제가 더 있긴 하지만 중학교에 가야 하는 6학년으로서 가장 큰 문제는 활동성이 적은 수업시간에는 2~3분을 집중하기가 어려워서 수업을 전혀 따라가지 못한다는 것이다. 5학년 담임교사에

의하면 수업에는 일체 관심이 없고 수업에 방해되는 언행을 많이 해서 꾸중과 벌을 많이 준 결과 변화는 없이 아이와 관계만 나빠졌다고 하였다. 며칠을 집중하여 살펴보니 소란이는 신체활동이 많거나 공부에 부담이 없는 과목에서는 매우 적극적인 태도를 보이고 좋은 결과물을 얻기도 했다. 아이의 자리를 교사 앞에 배치하여 집중하도록 도왔으나 별반 소용이 없었고 학습부진 지도를 위해 남으라고 하면 하지 않는다고 떼를 쓰고 우는 바람에 부진아 지도를 할 수 없게 만들었다. 하지만 기분이 좋을 때는 열심히 하기도 하고, 집중을 하면 긴 문장도 잘 이해하였다.

어머니에게 상담을 통하여 이런 사실을 빠짐없이 알리자 3학년 때 담임교사도 같은 말을 하여 약물치료를 1년 정도 하다가 개선된 듯해서 4학년부터 그만두었다고 했다. 4, 5학년 때는 담임교사에게서 어떤 전화도 없었기 때문에 아무 문제가 없는 것으로 알았다고 한다. 6월부터 조울증 치료와 함께 학원엘 다니고 있는데 여름방학이 다가오는 지금은 학습 태도가 조금씩 개선되고는 있으나 교사와의 관계가 그리 좋지 않고 여전히 나머지 공부를 하지 않으려고 해서 부진아 지도에 어려움을 겪고 있다. 부모는 교사들이 자신의 아이가 매우 독특한 경우이고 힘들다고 신경을 써 주지 않았다며 몹시 서운해하면서 공교육을 불신하였다.

교사의 대처 방법 분석

잘한 점

- 바쁜 학기 초였지만 아이 수업 태도의 문제점을 정확하게 파악하려고 아이와 상담을 하였다.
- 수업 태도를 개선시키려고 아이의 자리를 교사 앞에 배치하였다.
- 아이의 장점과 단점을 정확히 파악하고 있다.
- 부모와 상담을 통하여 아이의 문제점을 정확히 전달하고 개선하려고 노력하였다.
- 아이가 가지고 있는 문제점에 대해서 아이에게 그래서는 안 된다거나 설득을 하지 않음으로써 장애를 가지고 있는 아이에게 부담을 주지 않았다.

개선할 점

- 교사는 소란이의 ADHD 행동 특성을 이해하고 적극적으로 배려한다.
- 못하는 점만 지적하여 고쳐 주려는 생각보다는 칭찬을 통하여 아이가 자신감과 의욕을 가지고 수업에 임하도록 해야 할 필요가 있다.
- 부모에게 지속적으로 ADHD치료를 하도록 할 필요가 있다.
- 아이의 수업 태도를 개선하여 싫어하던 과목도 공부하도록 돕는다.

상담적 접근

일반적으로 할 수 있는 관심과 배려

여러 사람 앞에서 잘못을 지적하지 말아야 한다. 정상적인 아동도 여러 사람 앞에서 잘못을 지적당하면 자존심이 상하고 의욕을 상실하기 마련이다. 소란이의 경우 ADHD 특성으로 인해 지금껏 선생님들로부터 많은 꾸중과 벌을 받으며 지내왔기 때문에 자존감이 많이 상실되어 있는 상황이다. 그뿐 아니라 아직은 새 학기라서 담임교사와도 어색한 사이일 텐데 교사가 소란이에게 친구들 앞에서 소란이의 나쁜 수업 태도를 지적한 것은 아이의 자존감에 큰 상처를 하나 더 보태 주는 행동이었다. 따라서 교사는 고치기 어려운 ADHD 장애를 보이는 소란이의 다음과 같은 특성을 생각하여 자존감을 살릴 수 있도록 배려해야 한다.

- 교사가 하는 대부분의 말을 잔소리라고 여기고 귀 기울이지 않는다.
- 활동성이 적은 수업시간에는 공부와 관련이 없는 행동을 많이 한다.
- 하고 싶은 말이 있으면 교사의 말을 끊고라도 이야기한다.
- 교사에게 공손하거나 예의 바른 말을 하려고 하지 않는다.
- 하고 싶은 일을 하지 못하게 하거나 하기 싫은 일을 하라고 하면 골을 부리거나 운다.

- 교사의 마음에 상처를 주는 말도 서슴지 않고 한다.
- 교사가 좋은 말로 구슬러도 말을 듣지 않고 반항한다.
- 수련활동, 수학여행 등 낯선 곳에서 활동할 때 울고 집으로 간다고 떼를 쓴다.
- 자신에게 꼭 필요한 공부나 작업을 해야 한다고 좋은 말로 설득해도 통하지 않는다.

✩ 교사가 인식을 바꾸어 아이와의 관계를 개선하여야 한다. ADHD 아동이 보이는 행동은 아이 스스로는 고칠 수 없는 상황임을 알고 교사 자신이 아이를 대하는 태도를 바꾸는 것이 필요하다. 그래서 학습부진을 도울 수 있도록 하여야 한다. 다음과 같이 해 보자.

- 아이에게 자주 다가가지 않는다. 교사가 보이는 친절한 행동에도 아이는 자신을 조종하려는 의사로 판단하여 싫어하고 피하기 때문에 주의 깊게 살펴는 보되 자주 다가가지 말고 전하고 싶은 것이 있으면 아이가 좋아하는 친구를 조심스럽게 이용한다.
- 교사가 아이에게 보이는 행동에 대해 아이가 어떤 반응을 보이는지 관찰하고 아이가 긍정적으로 반응하는 방식으로 대하도록 한다.
- 교사가 아이에게 진심으로 도우려고 한다는 느낌을 가질 수 있도록 한다.
- 열린 마음으로 아이의 변명이나 해명을 들어준다.
- ADHD 장애아동은 실수를 밥 먹듯이 하고 교사가 참기 어려운 경우도 있

다. 그래도 실수는 눈감아 준다.

- 즉흥적인 충고나 부정적인 말, 또는 설교를 하지 않는다.
- 누구의 도움 없이 아이 스스로 해낸 부분에 대해서 칭찬과 격려를 한다.
- 사소한 일들을 칭찬한다. 예를 들면, 등교시간을 잘 지킨 것, 맡은 구역 청소를 잘한 것, 남에게 도움을 준 것, 심부름을 잘한 것, 급식을 남기지 않고 먹은 것, 잘 웃는 것, 친구와 싸우지 않는 것 등 사소한 것을 칭찬하여 교사와 아이의 관계를 항상 부드럽게 만든다.
- 따뜻한 미소와 말없는 관심을 보이며 아이가 교사에게 다가오는 분위기를 만든다.

✡ 부모는 아이의 약물치료를 3학년 말에 중단했고 4, 5학년 때는 학교에서 하는 행동과 학습 상황에 대해서 전혀 알지 못했다고 하였다. 따라서 교사는 학교에서 보이는 아이의 행동, 학업상의 문제를 구체적으로 알리고 가정에서의 상황을 알아본 뒤 수정 방안을 상담하여야 한다(주의력 결핍 및 과잉행동장애의 진단기준인 DLS-Ⅳ와 Conners의 평가지를 활용하여 부모와 함께 진단하거나 전문기관을 소개한다).

✡ ADHD는 현재의 학교생활에서만 문제되는 것이 아니라 장기적으로 보아 인생 전반에 걸쳐 악영향을 미치는 행동장애이므로 적절한 시기에 심리 및 약물치료를 해야 하는 상황임을 다소 과장되게 이야기함으로써 아이의 치료를

지속적으로 하도록 인식시킬 필요가 있다.

✗ 아이가 교사에게 긍정적인 마음을 가지도록 가정에서도 신경을 써 줄 것을 당부한다.

구체적인 전략

✗ 급우와 교사가 함께 참여하여 아이의 학습 태도 개선시키기

[수업시간에 쓸데없는 행동 줄이기를 아이와 약속하기]

약물치료를 하고 있어서 행동이 어느 정도 차분해지고 있으므로 싫어하는 일들도 설득하면 약간은 실행이 가능하다. 이와 병행하여 싫어하는 과목 수업에 집중하도록 도울 수 있다. 부모와 상의하여 개선 상황에 따라 보상할 수 있는 체계를 만들어 실행하면 더욱 효과가 있다.

아이는 수업 내용을 알아듣지 못하므로 아무것도 써 있지 않는 공책이나 책의 글씨를 지우는 척하기, 책상 서랍의 물건 정리하는 척하기, 사물함에 볼일이 있는 것처럼 돌아다니기, 쓸데없이 책장 넘기며 공부하는 척하기 등의 행동을 한다. 이러한 일만 줄여도 수업에 더 많이 집중할 수 있다는 것을 인식시킨다. 그리고 수업시간마다 이런 행동의 횟수가 한번이라도 줄어들 경우에 스티커 등의 보상을 하겠다고 약속하고 계약서를 작성한다.

[우수아를 짝으로 정하고 수업에 참여하도록 돕기]

워낙 학습결손이 심한 아이인데다 수업 집중력이 떨어져서 듣고 있어도 이해하지 못하는 부분이 매우 많은 경우다. 그러므로 아이가 좋아하는 우수아동을 짝으로 정하여 수업활동을 교사와 함께 돕도록 배려하고 수업 태도가 향상될 때마다 보상을 실시한다. 주의할 점은 다른 아이와 같은 결과물을 바라지 말아야 한다는 것이다.

[수업활동 시의 결과물과 가정학습 결과물 보상하기]

학습결손이 심한 아이므로 학습 결과물에 대한 기대치를 낮추고 아이가 능력만큼의 결과를 얻었을 경우는 물론이고 열심히 하려고 노력한 행동, 시간 내에 마친 행동 등을 보상하여 수업 참여 의욕을 높여 주며 차츰 기대치를 높여 가도록 한다.

[상 타도록 도와주기]

소란이의 경우 6학년이 되도록 다른 아이들은 수도 없이 타는 상을 거의 타 본 적이 없다. 그러므로 아이가 잘하는 분야에서 급우와 교사가 적극적으로 도와서 상을 탈 수 있게 하여 자신감을 갖도록 도와준다.

[잘하는 영역에 대해서는 다른 아동 돕도록 하기]

소란이가 잘하는 영역은 미술, 음식 만들기, 체육 시간 활발히 움직이기 등이다. 이런 장점을 이용하여 이 영역에서 부진을 보이는 친구들을 적극적으로 돕게 한다.

[집중하는 시간 늘리기]

교사는 아이가 수업 참여 태도에 관심을 보이거나 집중 시간이 늘 때마다 스티커 등으로 보상하고 사회적인 칭찬을 하도록 한다.

[부모와 협력하기]

부모와 협조하여 가정과 학교에서의 개선 상황에 대한 정보를 주고받으며 아이의 학습 능력을 키워 나간다.

싫어하는 과목에 관심 갖게 하기

이 부분은 대부분 부모의 협조가 필요하다.

- 학습부진이 심각하므로 가정에서도 열심히 공부하여야 한다. 아이가 원하는 공부 방식을 선택하여 공부할 수 있도록 도움을 준다. 공부하기를 싫어하지만 공부를 잘하고 싶은 마음은 있기 때문에 아이의 방식(학원, 과외, 방문교사 등)에 맞추어 주면 싫어하던 과목에도 관심을 가질 수 있을 것이다.
- 아이가 잘하는 과목은 좀 더 집중하여 공부함으로써 아이 스스로 자신도 잘할 수 있는 과목이 있다는 것을 깨닫고 더 노력하는 태도를 갖게 한다.

아이는 자신이 공부를 잘하지 못하기 때문에 자신감이 심각하게 결여되어 있고, 부족현상이 누진되어 있어서 해도 안 된다는 생각을 가지고 있다. 특히 암기나 이해력이 별로 필요하지 않은 과목 중에서 아이의 특기도 살리고 장래 직업과 연계될 수 있는 과목에 집중 노력을 한다면 충분히 잘해 낼 수 있다. 차츰 자신감을 찾아가면 교사는 아이와 다른 과목에서의 가능성을 이야기하며 노력하도록 도움을 주어야 한다.

- 희망하는 직업을 갖기 위해서는 하기 싫은 공부도 해야 한다는 것을 이야기하고 공부를 잘하면 직업 선택의 폭이 넓어진다는 것을 예를 들면 가며 알게 한다.
- 장점을 살리는 발표를 시키고 칭찬한다. 아이가 책 읽기와 이야기를 할 경우 급우들 앞에서 가끔 재미있는 이야기를 시키거나 교과서 읽기를 많이 시킨다.
- 아이의 능력에 맞는 발표를 시켜서 자신감을 심어 준다.
- 책 읽기를 좋아하는 아이의 경우 수업 전에 교과 관련 도서를 아이들 몰래 읽게 하고 수업시간에 학급 친구들 앞에서 발표시키고 칭찬하여 수업에 흥미를 가지도록 도와준다.
- 아이를 교사는 의식하여 수업에 보다 더 흥미를 유발할 수 있는 자료나 협동하여 해결할 수 있는 학습 방법을 활용한다.
- 아이에게 교사가 어떻게 하면 수업에 집중할 수 있겠는지 의견을 물어보고 가능하면 원하는 방식으로 수업 참여에 도움을 주도록 한다.

부모에게 협조 구하기

이런 특성을 가진 아이의 부모 중 경제사정이 어렵거나 학력이 낮을수록 아이를 포기하는 경우가 많다. 소란이가 바로 이런 경우다. 부모와 상담을 실시하여 '일반적으로 할 수 있는 관심과 배려'에서 교사의 인식 바꾸기 내용과 더불어 다음의 몇 가지 내용을 추가하여 도움을 주도록 한다.

- 정상적인 아이를 가진 부모의 노릇도 쉽지 않다.
- 아이가 부모의 말을 듣지 않고 공부를 열심히 하지 않는다고 분노, 협박 등의 수단으로 아이의 행동을 변화시키려고 하지 말자.
- 공부에 관한 한 아이의 의견을 최대한 존중하자.
- 얼굴을 찌푸리거나 발끈하거나 비판하거나 바로잡으려 하거나 불평하지 말고 아이의 편을 들어주고 격려하자.
- 아이가 공부에 쏟는 노력을 알아주고 작은 결과에 대해서도 칭찬하여 더 노력할 수 있도록 힘을 불어 넣어 주자.
- 아이가 잘할 수 있는 특기를 발굴하여 능력을 길러 주자.
- 학교생활에 관심을 가지고 아이와 이야기를 나누자.
- 집에서 공부할 때 너무 신경 쓰며 잘못을 지적하지 말자.
- 온 가족이 아이의 행동 특성을 이해하고 배려하도록 하자.
- 아이가 공부에 집중하는 시간을 늘려 가도록 신경 써 주자.

한글을 깨우치지 못한 아이

no.1 저, 이런 것 못해요

no.2 애들 가면 할게요

재경아, 오늘부터 선생님하고
한글 공부하자.
……
공부 끝나고
어디 가야 해?
학원 다니니?
그럼, 됐어. 공부하자.
선생님이 재경이랑 공부하려고
책을 준비했거든.
선생님, 저…….
애들 다 가고 나서
하면 안 돼요?
선생님이 지금 밖에 시간이
없는데, 어떡하지?

한글을 깨우치지 못한 아이

초등학교 2학년 아동으로 간단한 한글을 제시했을 때 전혀 읽지 못하고, 글씨를 그리는 수준으로 가정에서도 무관심하여 가정과 연계된 지도가 전혀 이루어지지 않는 경우다.

재경이는 2학년 남자아이다. 쉬는 시간에는 자리만 앉아 있거나 화장실이 가고 싶을 때는 교사에게 다가와 작은 목소리로 "화장실요"라고 말한다. 수업시간에는 연필을 깎는다는 핑계로 교실 뒤 연필깎이에서 거의 시간을 보내거나 다른 친구들에게 장난을 걸거나 책상 아래에 두 손을 이용하여 손장난을 치곤 한다.

재경이는 한글을 깨치지 못한 아이로 '나비' 정도를 소리 내어 읽을 수 있으나 발음이 정확하지 않으며, 글씨 또한 미취학 아동이 글씨를 그리는 수준에 머물고 있다.

교사의 대처

재경이는 한글을 알지 못하는 아이이지만 자존심이 매우 강해 자신이 한글을 알지 못한다는 사실을 친구들이나 담임교사에게 알리고 싶지 않았다. 그래서 재경이는 주변 상황을 살피는 능력이 뛰어나 친구들이 하는 것을 슬쩍슬쩍 보면서 따라했다. 담임교사는 2학년 수준이면 어느 정도 한글을 해득하였다고 생각하였고 재경이처럼 전혀 한글을 모르리라고는 생각하지 않았다. 재경이는 눈치가 빨라 자신이 한글을 모르는 사실을 담임교사와 주변 친구들이 모르도록 행동했다. 따라서 담임교사는 학기가 시작된 한 달여가 지나서야 재경이가 한글을 깨우치지 못했다는 사실을 알게 되었고, 방과 후 시간을 이용하여 재경이에게 한글 공부를 시키고자 하였다.

또 담임교사는 전 담임교사와의 상담을 통해 가정형편이 어렵고 부모가 생계 유지가 어렵다는 핑계로 자녀를 방치하고 있다는 사실을 알게 되었다. 담임교사는 어머니와의 통화를 통해 아버지는 한 달에 몇 번만 집에 들어오시고, 가정주부인 어머니도 당뇨병으로 인해 거동이 불편하여 재경이를 포함한 네 명의 자녀를 양육하는 데 힘겨워 하고, 부모 역시 학력 수준이 매우 낮음을 직감하였다.

교사의 대처 방법 분석

잘한 점

- 다소 시기가 늦었지만 아이에게 한글 공부를 시켜 주려고 시도하고자 하였다.
- 한글을 모르는 아이를 몰아세우지 않고 친절하게 대하려고 노력하였다.

개선할 점

- 아이의 한글 미해득 정도를 조금 더 빨리 파악하였어야 했다. 학급 아이들을 대상으로 간단히 학습 준비 정도를 파악하는 테스트나 전 담임교사와의 상담을 통해 파악하려는

노력이 필요하다.

- 아이의 개인적 특성을 파악하고자 노력하여야 했다. 아이 스스로 자존심이 강해 자신의 약점을 친구들에게 보이길 싫어하므로 방과 후 한글 공부시간을 아이와 협의하여 되도록 이면 학급 아이들이 모두 교실을 떠난 시간을 이용하여 실시하는 것이 좋을 것이다.

상담적 접근

일반적으로 할 수 있는 관심과 배려

- 한글 미해득 아이의 경우 꾸준한 지도가 필요하다. 따라서 아이와 협의하여 아침자습 시간이나 방과 후 시간 등을 정하여 매일 지도하는 것이 바람직하다.
- 아이 수준에 맞는 학습지를 만들어 아이에게 제공하는 것이 가장 좋은 방법이지만, 자료 제작의 시간적 여유가 없을 경우에는 시중 교재를 구입하여 지도하는 방법도 생각해 볼 필요가 있다.
- 담임교사 홀로 아이를 지도하는 것보다 가정과 연계하여 지도하는 것이 효과가 크다. 따라서 담임교사는 유선 연락 및 휴대전화 메시지 등으로 학부모와 수시 연락을 통하여 학부모가 자녀에 대한 학습 정도를 파악하게

하고, 가정학습을 제시할 때 학부모가 어떻게 도움을 주어야 하는지 등 상세한 지도 방법을 알려 주는 것이 필요하다.

- 한글 미해득 아이의 경우 준비물이 제대로 준비되지 않는 경우가 많다. 따라서 필요한 준비물을 알림장에 적게 하고 담임교사가 확인한다. 이것을 아이로 하여금 베껴쓰기 연습의 기회로 제공할 수 있다. 또 학급 홈페이지 등을 통해 매일의 알림장을 게시하면 학부모는 담임교사에게 전화를 걸어 필요한 준비물을 일일이 확인해야 하는 번거로움을 줄일 수 있다.
- 한글 미해득 아이의 경우 대다수가 기초 수학에서도 부진이 나타난다. 따라서 한글뿐 아니라 기초수학 연산 능력도 살펴보아야 한다.
- 학습부진아의 선별 및 진단도구로는 지능검사(KISE-KIT, 웩슬러 아동용 지능검사), 학업성취검사, 학습장애아의 특성진단도구검사, 기타 검사(투시검사, 신경심리학적 검사, 정서적 측면 평가, 학습 동기, 자아존중감, 시험불안척도 검사 등)가 있다. 초등학교의 경우 이러한 검사들은 특수학급에 비치되어 있는데 특수학급 교사가 아동을 특수학급에 입급시킬지 여부를 가릴 때 주로 사용한다. 따라서 일반 담임교사들이 이러한 검사가 필요한 경우 특수학급 교사에게 도움을 청할 수 있다. 또는 신뢰할 수 있는 기관(한국아동상담센터 등)에 감사를 의뢰하는 것도 좋은 방법이다(신경심리학자, 특수교육교사, 소아과의사, 정신과의사, 언어치료사 등)

구체적인 전략

교사의 도움 얻기

일정 시간을 활용하여 매일 아이를 지도하는 것은 방과 후 업무로 인해 바쁜 교사들에게 부담을 줄 수 있고, 학습 효과도 그다지 높지 않을 우려가 있다. 이런 점을 고려하여 다른 교사들과 함께할 수 있는 프로그램을 구성하여 운영하면 좀 더 효율적일 수 있다.

[동학년 교사들과의 연계]

동학년에서 학습부진 정도가 비슷한 학생들을 파악하여 방과 후 일정 시간을 이용하여 수업을 진행한다. 이때 프로그램의 연계를 위해 프로그램의 구성, 지도 순서 등에 대해 참여 교사들의 충분한 사전 협의가 필요하다.

다음은 프로그램의 예다.

느티나무 교실(가제)					
구 분	월	화	수	목	금
해당 교실	2-1	2-1	2-2	2-2	2-3
과 목	받아쓰기	소리 내어 책 읽기	받아쓰기	소리 내어 책 읽기	한글과 놀기

<table>
<tr>
<td>세부
실천
내용</td>
<td>

【받아쓰기】
① 받아쓰기 목록을 정하여 아동들에게 제시
② 아이에게 연습의 기회 제공-10칸 공책 사용
③ 받아쓰기 후 틀린 것 다시 쓰기 기회 제공
④ 받아쓰기 2회 이상 반복
⑤ 일정 점수 이상 득점자만 하교 조치
⑥ 다음에 할 받아쓰기 가정학습으로 제시하기

【소리내어 책 읽기】
① 아이들이 좋아하는 책 직접 선정 -학교도서관 등 장소를 이동하여 선정케 하면 좋음
② 그림이 많고 글씨가 적은 책이 좋음
③ 교사 따라 소리 내어 읽기
④ 교사 앞에서 소리 내어 읽기
⑤ 친구 앞에서 소리 내어 읽기
⑥ 가정에서 소리 내어 읽기
⑦ 혼자 읽을 수 있는 책은 독서통장에 기록하고 교사의 확인받기

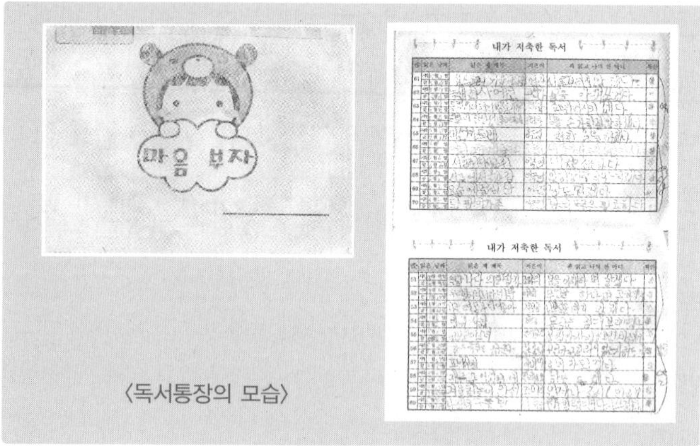

〈독서통장의 모습〉

【한글과 놀기】
① 한글을 사용한 다양한 놀이 방법 활용하기
② 영어 수업 시간에 활용하는 놀이 방법 활용하면 좋음
예) 빙고게임, 추측놀이하기, 말 전하기, 끝말잇기, 중간 말잇기 등

</td>
</tr>
</table>

[학습보조 인턴교사의 활용]

학습부진 아이의 경우 담임교사에 의한 지도가 가장 효율적이지만 상황에 따라서는 다른 교사들의 도움을 받는 것이 좋다. 국고지원 학습보조 인턴교사(계약제, 지역별 · 학교별 상황에 다를 수 있음)를 활용하여 방과 후 지도를 하는 것이 한 예가 될 수 있다. 학습보조 인턴교사는 학교별로 다르겠지만, 정규 수업 시간의 학습 보조로 활용하는 방법과 방과 후 학습부진아 지도로 활용하는 방법으로 나눌 수 있다.

시중 교재

- 받아쓰기 교재: 가급적 학생 수준에 맞거나 낮은 수준의 교재를 선택하는 것이 좋다(기적의 받아쓰기: 총 4권, 길벗스쿨). 100점 만 점의 100점 받아쓰기(학년 · 학기별, 책먹는아이), 교과서 받아쓰기장(학년 · 학기별, 글동산), 다달학습 받아쓰기 단계장(학년 · 학기별, 동화사), 수준별 받아쓰기 단계장(학년 · 학기별, 동화사), 받아쓰기(학년 · 학기별, 지경사) 등
- 한글 교재는 해당 아이의 수준보다 조금 낮은 것을 선택하는 것이 좋다. 이것은 아이의 흥미 유발과 참여도에 긍정적 작용을 하게 된다.
- 저학년이거나 고학년이지만 지적 수준이 낮은 아이는 스티커를 활용하거나 간단한 낱말을 그림과 함께 제시하는 교재를 선정하는 것이 좋다. 때로는 유아용 한글 교재도 좋다. 그러나 지적 수준이 정상적이지만 다른 여건

에 의해 한글 미해득인 아이, 열등감이 높거나 자존감이 높은 아이의 경우는 이러한 교재보다는 자음과 모음으로 구분하여 글자를 제시하고, 자·모음별 음가를 제시한 교재가 좋다.

✲ 보상 방법

- 아이의 활동을 나누어 활동이 끝날 경우 스티커를 붙이거나, 네임펜으로 교사의 사인을 한다. 이것이 누적되면 적절한 보상을 한다. 또 학급 전체를 대상으로 스티커를 활용할 수 도 있다. 다음은 그 예다.

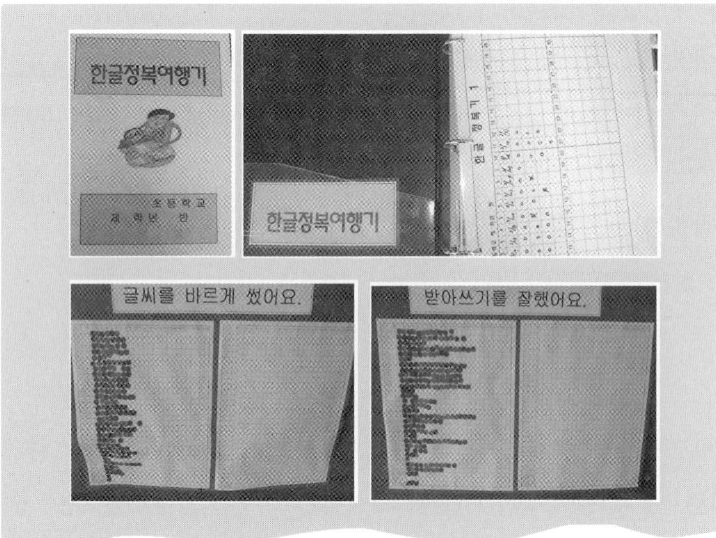

• 포트폴리오를 활용하여 아이의 학습 결과를 누적하여 간다. 이를 통해 아이와 교사는 그동안의 학습 결과뿐 아니라 학습 진행 및 발달 정도를 알 수 있다. 다음은 포트폴리오들의 예다.

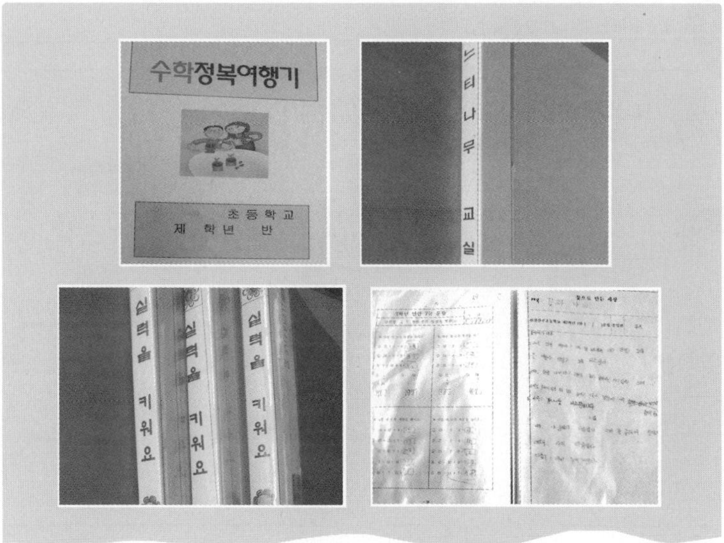

• 소원을 말해봐: 활동 결과 및 보상을 누적하여 해당 아이에게 소원 들어주기를 할 수 있다. 음식으로 피자, 햄버거, 떡볶이 등을 사 주기와 활동으로 선생님이 업어 주기, 청소 1회 면제권, 숙제 1회 면제권 등을 할 수 있다.

보청기를 낀 아이

no.1 저 애가 먼저 그랬어요

쟤가 먼저 그랬어요. 내가 먼저 안 그랬다고요.
무엇을 말이니?
제가 하지 말라고 했는데 자꾸 제 허리를 연필로 찔렀어요. 하지 말라고 몇 번을 말했는데…….
그래서 너는 잘못이 없다는 말이군.
저는 잘못 없어요. 분명 제가 하지 말라고 말했다고요. 그것도 세 번 넘게요. 근데 계속 하잖아요.
그랬구나.
그리고 저를 놀렸어요. 귀머거리라고. 우 씨!
정말?
아니요, 안 그랬어요. 그렇게 말한 적 없어요.
아니야, 네가 그랬잖아. 눈으로 흘겨보면서……. 내 귀 가리키며 웃었잖아.
어, 상준이는 그런 말 한 적 없어요. 제가 처음부터 끝까지 다 봤어요.

no.2 다른 애들도 그래요. 저만 그런 것 아니에요

청각에 문제가 있는 아이

학습에는 별 무리가 없으나 태어날 때부터 청각에 문제가 있어 보청기를 끼고 다니는 경우다.

현준이는 5학년 남자아이로 발음이 다소 어눌하지만 학습 능력은 중위권 정도며, 수업 내용도 잘 이해하는 편이다. 담임교사는 어머니와의 통화를 통해 현준이가 어머니 뱃속에서 7개월 만에 태어나 인큐베이터 생활을 오랫동안 하였고, 이 사실에 대해 어머니가 죄책감을 느끼고 있으며, 또 현준의 청각에 문제가 생겨 어릴 때부터 보청기를 하고 다닌다는 사실을 알게 되었다. 현준의 청각 손실은 갈수록 심해져서 특수 성능을 필요로 하는 고가의 보청기를 하고 다닌다. 4학년 때는 친구들과 화장실에서 싸우다가 보청기에 물이 들어가서 금전적 손실이 매우 컸었다.

현준이는 학교생활에서 매우 얌전하고 선생님 말씀을 잘 듣는 고분고분한 아이로 통하였으나 학급 카페에 올린 글은 매우 직선적이고 욕설이 난무하곤 하였다. 학급 친구들도 현준이가 선생님 앞에서와 선생님이 없을 때의 행동이 매우 다르다는 말을 하곤 하였다.

교사의 대처

현준이는 자신이 보청기를 끼고 있다는 것에 상당히 민감하고 다른 친구들이 쳐다보거나 자신의 귀를 가리키는 듯한 느낌만 들어도 화를 내고 폭력적으로 변한다. 그러나 담임교사 앞에서는 오히려 얌전하고 말수가 적은 아이로 변한다. 아이가 청각장애를 가지고 있고, 이것이 5학년 들어 점점 심해진다는 말을 부모로부터 들었을 때 담임교사는 마치 자신의 잘못인 것처럼 느껴졌다. 담임교사는 학급 아이들이 다른 아이들에 비해 현준이를 더 도와주고 배려해 주었으면 좋겠고, 현준이 또한 친구들에게 잘못을 돌리거나 이유 없이 크게 화를 내는 일이 없었으면 좋겠다. 그러나 학급 아이들과 현준이를 어떻게 지도해야 할지 방법을 몰라 속앓이만 하고 있다.

교사의 대처 방법 분석

잘한 점

- 학급 아이들로부터 나오는 작은 소리도 소중하게 들으려고 노력하였다. 이렇게 한 결과 아이들을 통해 담임교사가 있을 때와 없을 때 현준이의 태도가 달라짐을 알 수 있었다.
- 아이가 장애로 인해 매우 불편해할 것을 아이 자신보다 더 염려하고 있으며 아이를 도와주고 싶은 마음을 가지고 있다.
- 다른 친구들이 지적한 아이의 잘못에 대해서도 아이의 입장을 끝까지 들어보고자 노력하였다.

개선할 점

- 자신의 잘못을 다른 친구들에게 돌리는 아이의 입장에 대해 충분히 듣고 아이가 왜 그러한 생각을 가지게 되었는지 파악하려는 노력이 필요하다.
- 아이가 아무리 화가 났어도 담임교사 앞에서 욕을 내뱉는 것은 하지 말아야 할 일이라고

분명하고 단호하게 알려 주었어야 한다.

- 아이는 자신의 장애에 대해 열등감을 갖고 있고 이것이 오히려 또래들에게 분노로 표출되고 있다. 따라서 이러한 아이의 잠재적 분노를 효과적으로 발산할 수 있는 방법에 대해 다루어 줄 필요가 있다.

상담적 접근

일반적으로 할 수 있는 관심과 배려

아이에게 담임교사가 있을 때와 없을 때 다르게 행동함으로써 아이가 그동안 얻었던 이득을 생각해 보는 동시에 양면을 모두 보게 되는 친구들의 입장을 생각해 보는 시간을 갖게 한다. 이러한 아이의 행동은 그 상황을 모두 지켜보게 되는 친구들에게 '겉과 속이 다른 사람' 으로 인식하게 하고, 그러한 인식이 아이에게 친구를 잃게 되는 결과가 될 수 있음을 알려 준다.

부모와의 연락을 통해 아이의 학급에서의 행동에 대해 이야기를 나누고 가정에서 지도해야 할 점을 알려 준다. 부모는 아이의 장애가 자신의 탓인 것처럼 느끼고 아이에게 무조건적 사랑을 주고 아이의 바람직한 성장을 위해서는 잘잘못을 따지는 기준을 먼저 알려 주고, 아이가 스스로 자신의 행동을 판단할 수 있는 능력을 길러 주어야 한다는 점을 부모에게 알린다.

✯ 담임교사는 보청기에 대한 올바른 보관법과 주의할 점을 알아두고 학교생활에서 학급 아이들이 유의해야 할 점을 알려 준다.

✯ 장애를 가진 아이에 대한 이해를 돕기 위해 학급 전체를 위한 장애 이해교육이 필요하다. 장애우의 입장을 이해하고 장애우가 되어 보고 그들이 느껴야 하는 불편함에 대해 이야기하는 수업을 통해 장애우를 도와야 하는 이유, 돕는 방법 등을 학급 아이들이 이해할 수 있도록 유도하는 기회가 필요하다.

✯ 청각장애가 있는 장애우는 주로 수화로 대화를 한다. 따라서 학급이나 학년 단위로 수화를 익히고 간단한 발표회를 하거나 학교단위 학습 발표회에서 발표회를 가져도 좋다.

다음은 인터넷으로 수화를 배울 수 있는 곳이다.

- 사랑의 수화 교실(www.cein21.net): 전북농아인협회에서 만든 홈페이지로 수화 동영상과 수화의 기원, 청각장애인을 만났을 때의 에티켓 등이 자세히 소개되어 있다.
- 수화사랑(www.myhome.naver.com/minirose): 수화 동영상과 수화 노래모음, 수화 관련 사이트가 정리되어 있다.

구체적인 전략

✗ 청각장애아동을 만났을 때 유의점을 알려 준다.

[천천히 말하거나 글 또는 수화로 이야기를 나누어요]

청각장애 친구와 이야기를 나눌 때는 입 모양을 크게 하고 천천히 말하거나, 글로 쓰거나, 혹은 수화를 이용하여 말하도록 한다. 보청기를 낀 친구는 뒤에서 부르면 잘 듣지 못한다. 또한 보청기를 착용한 친구 주변에서 시끄럽게 떠들게 되면 보청기가 울려 머리가 아플 수 있다.

[반말은 하지 말아요]

청각장애인을 만났을 때 듣지 못한다고 생각하여 함부로 말하거나 반말을 사용하는 일은 삼가도록 한다.

[몸으로 말해 봐요]

청각장애 친구와 함께 놀이를 할 때는 눈으로 알아볼 수 있도록 시범을 보임으로써 설명해 주도록 한다.

['힐끔 힐끔' 쳐다보지 말아요]

청각장애 친구와 함께 있는 곳에서 속삭이며 이야기하거나 힐끔힐끔 쳐다보는 것은 실례가 된다. 청각장애 친구끼리 수화로 이야기하는 것을 힐끔힐끔 보는 것도 실례가 되는 일이다.

[수화는 이렇게……]

청각장애 친구와 수화를 할 때는 가슴 높이에서 양어깨를 한계점으로 큰 동작과 작은 동작을 절도 있게 하는 것이 좋다.

[눈으로 확인할 수 있게 해요]

선생님이 가르쳐 주신 내용을 적은 공책을 적극적으로 빌려 준다. 안내 사항이나 과제물이 있을 때는 수첩 등에 적어서 보여 주는 것이 좋다. 그리고 수업이나 여러 가지 활동에서 청각장애 친구가 잘 볼 수 있는 자리에 앉을 수 있게 하는 것이 좋다.

✡ 장애이해 교육을 통하여 학생들에게 장애우에 대한 특성이나 불편한 점 등을 체험해 볼 기회를 제공할 수 있다.

다음은 아이들과 함께할 수 있는 장애 체험 활동의 예다.

아이들과 함께 장애 체험 활동

청각장애를 위한 체험

활동명	활동 방법
볼륨 줄이고 텔레비전 보기	특정 시간이나 프로그램을 선정하여 텔레비전 볼륨을 완전히 줄이고 입 모양만 보고 내용을 알아보도록 하기
하룻동안 말 안 하고 생활하기	하루 또는 2~3시간 정도 시간을 정하여 말없이 하루를 생활하기
수화동작 보고 무슨 말인지 알기	청각장애인들의 언어인 수화를 보고 무슨 말인지 알아보기
입 모양만으로 낱말 알아맞히기	짝끼리 간단한 낱말카드를 사용하여 입 모양만으로 낱말 알아맞히기 게임하기
소리없이 말 전달하기	교사가 한 모둠의 한 사람에게 낱말카드를 보여 주고 입 모양만으로 전달하기를 하여 끝 사람이 맞추도록 하기

지체부자유를 위한 체험

활동명	활동 방법
벙어리장갑 착용하고 점토 작품 만들기, 블록쌓기, 바늘에 실 꿰기, 공기놀이하기	벙어리장갑(혹은 양말)을 끼고 다양한 놀이를 해 본다.
오른손 붕대로 감고 일상생활하기	오른손에(왼손잡이는 왼손) 붕대를 감고 생활해 본다.
입으로 글씨쓰기	구족화 그리기 활동, 입으로 그림 그리기, 글쓰기, 볼과 턱에 펜을 끼우고 글쓰기, 발가락으로 글쓰기 등.
주먹 쥔 상태로 주머니에서 물건 꺼내기	게임으로 활용

시각장애를 위한 체험

활동명	활동 방법
안대하고 공넣기	후프를 세워 한 사람이 들고, 눈에 안대를 한 채 공을 후프 안에 넣어 본다.
눈감고 그림 그리기	눈감고 자유 주제로 그린다.
물건 가져오기	책상 위에 몇 개의 물건을 나열하고 안대를 한 채 가져온다.
안대하고 점토 만들기	자유 주제
안대하고 술래잡기	박수를 쳐서 유인한다.

장애체험 활용 학습지

갈등 해결 프로그램 활용

( ) 초등학교 제 ( )학년 ( )반 이름 ( )

① 세상을 느끼는 방법에는 여러 가지가 있죠? 우리 친구들은 그림을 그리면서 자연을 느끼기도 하고, 바람 소리, 음악 소리 등에 귀 기울이면서 주변을 느끼기도 해요. 그렇다면 앞을 잘 볼 수 없는 시각장애인은 어떻게 세상을 느낄까요? 이번 시간에는 선생님과 친구들과 함께 안대를 하고 찰흙으로 여러분이 만들고 싶은 것을 만들도록 해요. 만들면서 어떠한 점이 어려웠는지, 안대를 하고 만드니 눈으로 보고 만들 때와는 어떠한 점

이 다른지 여러분의 느낌을 다 만든 후에 다음의 활동지에 적어 보도록 합시다.

② 우리나라의 유명한 화가 중에는 손으로 그림을 그릴 수 없어 발로 그림을 그리는 분이 계세요. 손으로 그림을 그릴 때와 발로 그림을 그릴 때가 어떻게 다를까요? 실제로 체험을 해 본 후에 자신의 느낌을 다음의 활동지에 적어 보도록 합시다.

③ 손을 잘 쓸 수 없는 지체장애인의 경우에는 컴퓨터를 어떻게 할까요? 컴퓨터 시간을 이용하여 여러분이 지체장애인이 되었다고 생각해 보고 빨대나 연필을 입에 물고 자판을 쳐 봅시다. 여러분이 생각한 것과 실제로 해 본 것과 어떤 차이가 있는지 여러분의 느낌을 다음의 활동지에 적어 보도록 합시다.

교실에서 장애 체험을 하고 느낀점을 적어 보세요!!

날짜: 200○년 월 일 요일
어떤 활동을 하였나요?
이런 부분이 힘들었어요.
활동을 해 보고 나니 어떠한 점을 느꼈나요?

✗ 장애우 관련 책을 읽고 독후감이나 독서감상화 등의 학급 단위 대회를 개최한다. 주로 학교도서관에 소장된 도서 중 장애우 관련 도서목록을 확보하면 좋다. 다음은 장애우 관련 도서 목록의 예다.

- 네 잘못이 아니야(고정욱, 1~2 정신지체)
- 깃털없는 기러기 브로카(존 버닝햄, 1~3, 인성자료)
- 강아지똥(권정생, 인성자료)
- 우리 가족입니다(이혜란, 인성자료)
- 특별한 여동생(클로드 엘프, 다운증후군)
- 가방 들어주는 아이(고정욱, 3~6, 지체장애)
- 내 동생 아영이(김중미, 정신지체)
- 나는 선생님이 좋아요(하이타니 겐지로, 인성자료)
- 아주 특별한 우리 형(고정욱, 지체장애)
- 안내견 탄실이(고정욱, 시각장애)
- 네 손가락의 피아니스트 희아의 일기(고정욱, 지체장애)
- 내 마음의 벽을 넘어(이지현, 자폐)

▶ DVD 시청 및 관련 독서 후 활용 학습지

소 감 문

학년 반 번 이름

장애 관련 비디오를 시청했습니다. / 책을 읽었습니다.

소감을 글이나 그림으로 표현해 봅시다.

제목	

✯ 해마다 4월 20일은 장애인의 날이다. 이 날을 즈음하여 특수학급이 있는 학교에서는 특수교사가 주최가 되어 교내행사로 실시하거나 담임교사가 주축이 되어 학급 단위에서 할 수도 있다. 이 행사에서는 장애인의 날 기념 신문 만들기, 장애 체험하기 등의 활동을 할 수 있다.

다음은 장애인의 날 기념 신문의 예다. 이 신문을 전교생을 대상으로 배포하고 신문 2면에 장애 관련 퍼즐을 제시하여 일정 기간 내에 퍼즐을 풀어 제출하는 학생에게는 선물을 주는 등의 이벤트를 통해 학생들의 참여율을 높이도록 한다.

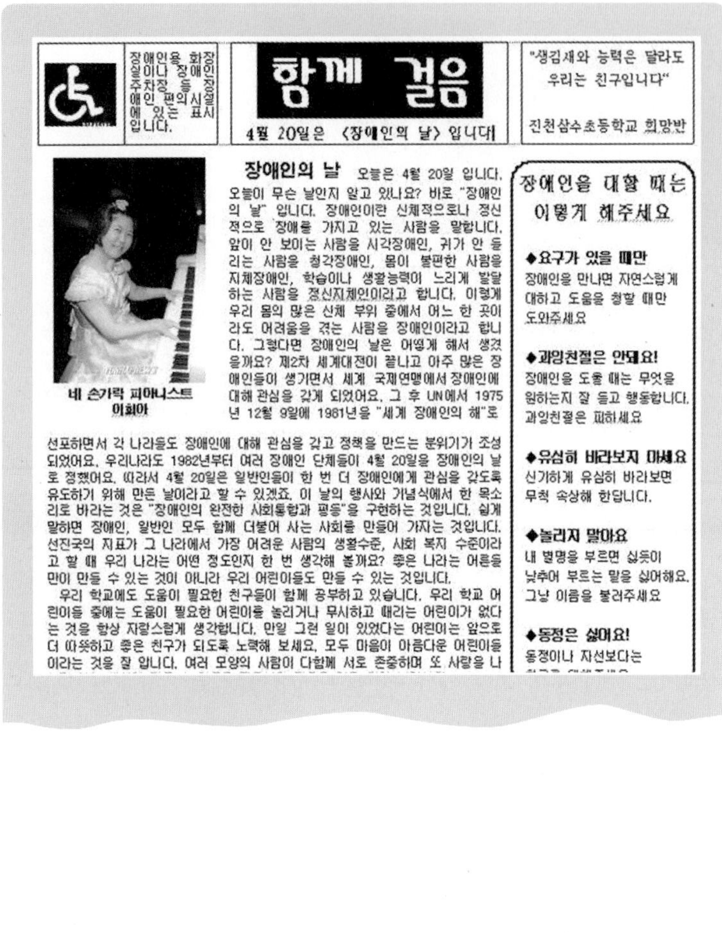

장애인용 화장실이나 장애인 주차장 등 장애인 편의시설에 있는 표시입니다.

함께 걸음

4월 20일은 〈장애인의 날〉 입니다!

"생김새와 능력은 달라도 우리는 친구입니다"

진천삼수초등학교 희망반

네 손가락 피아니스트 이희아

장애인의 날 오늘은 4월 20일 입니다. 오늘이 무슨 날인지 알고 있나요? 바로 "장애인의 날" 입니다. 장애인이란 신체적으로나 정신적으로 장애를 가지고 있는 사람을 말합니다. 앞이 안 보이는 사람을 시각장애인, 귀가 안 들리는 사람을 청각장애인, 몸이 불편한 사람을 지체장애인, 학습이나 생활능력이 느리게 발달하는 사람을 정신지체인이라고 합니다. 이렇게 우리 몸의 많은 신체 부위 중에서 어느 한 곳이라도 어려움을 겪는 사람을 장애인이라고 합니다. 그렇다면 장애인의 날은 어떻게 해서 생겼을까요? 제2차 세계대전이 끝나고 아주 많은 장애인들이 생기면서 세계 국제연맹에서 장애인에 대해 관심을 갖게 되었어요. 그 후 UN에서 1975년 12월 9일에 1981년을 "세계 장애인의 해"로 선포하면서 각 나라들도 장애인에 대해 관심을 갖고 정책을 만드는 분위기가 조성되었어요. 우리나라도 1982년부터 여러 장애인 단체들이 4월 20일을 장애인의 날로 정했어요. 따라서 4월 20일은 일반인들이 한 번 더 장애인에게 관심을 갖도록 유도하기 위해 만든 날이라고 할 수 있겠죠. 이 날의 행사와 기념식에서 한 목소리로 바라는 것은 "장애인의 완전한 사회통합과 평등"을 구현하는 것입니다. 쉽게 말하면 장애인, 일반인 모두 함께 더불어 사는 사회를 만들어 가자는 것입니다. 선진국의 지표가 그 나라에서 가장 어려운 사람의 생활수준, 사회 복지 수준이라고 할 때 우리 나라는 어떤 정도인지 한 번 생각해 볼까요? 좋은 나라는 어른들만이 만들 수 있는 것이 아니라 우리 어린이들도 만들 수 있는 것입니다.

우리 학교에도 도움이 필요한 친구들이 함께 공부하고 있습니다. 우리 학교 어린이들 중에는 도움이 필요한 어린이를 놀리거나 무시하고 때리는 어린이가 없다는 것을 항상 자랑스럽게 생각합니다. 만일 그런 일이 있었다는 어린이는 앞으로 더 따뜻하고 좋은 친구가 되도록 노력해 보세요. 모두 마음이 아름다운 어린이들이라는 것을 잘 압니다. 여러 모양의 사람이 다함께 서로 존중하며 또 사랑을 나

장애인을 대할 때는 이렇게 해주세요

◆요구가 있을 때만
장애인을 만나면 자연스럽게 대하고 도움을 청할 때만 도와주세요

◆과잉친절은 안돼요!
장애인을 도울 때는 무엇을 원하는지 잘 듣고 행동합니다. 과잉친절은 피하세요

◆유심히 바라보지 마세요
신기하게 유심히 바라보면 무척 속상해 한답니다.

◆놀리지 말아요
내 별명을 부르면 싫듯이 낮추어 부르는 말을 싫어해요. 그냥 이름을 불러주세요

◆동정은 싫어요!
동정이나 자선보다는

다음은 초등학교 학생들이 할 수 있는 장애 이해 교육의 활동 예다.

대 상	내 용	지도 유의 사항
1~2학년 (지도: 담임교사)	• 구족화가 되어 보기 – 아이들이 직접 구족화가가 되어 입 또는 발을 선택하여 그림을 그려 보도록 한다. (한국구족화가협회) – 손을 사용할 수 없는 지체장애인들이 입과 발을 이용하여 그린 멋진 그림을 볼 수 있습니다. http://www.mfpa.co.kr/	• 그림을 그릴 때 장난으로 그림을 그리지 않도록 지도해 주세요. • 구족화가 홈페이지에 들어가기 전 아이들에게 구족화가가 어떤 사람인지 설명해 주시고 구족화가의 모습을 보여 주시기 바랍니다.
4~6학년 (지도: 담임교사)	• 장애인 복지 신문 만들기 – 장애 관련 소식들을 예시 자료로 주고 장애인을 알리는 신문을 모둠별로 만들어 보자. • "장애인 먼저" 스티커 만들기 – 기존의 스티커를 예시 자료로 주고 모둠별로 창의적인 스티커를 만들어 신문에 삽입하도록 한다.	• 신문 만들기 – 각자 찾아온 장애인 관련 소식 중 알리고 싶은 이야기, 중요한 이야기를 고른다. – 큰 종이에 관련 사진이나 기사를 붙인다. – 자기가 하고 싶은 이야기를 그 아래 기록한다. – 모둠원끼리 신문 이름을 정한다.
공통지도	• 장애체험활동 – 안대 끼고(혹은 눈감고) 그림 그리기 – 안대 끼고 찰흙으로 모형 만들기 – 왼손으로 자기 이름 써 보기 – 거울 보고 글씨 써 보기	– 왼손으로 자기 이름 쓰기와 거울 보고 글씨 써 보기는 정신지체를 가진 아동들의 단적인 학습 능력을 체험하기 위함입니다. 장난치며 하지 않도록 지도하는 것이 필요하다.

들리지 않는다는 사실을 숨기고 싶어 하는 아이

no.1 5학년 첫날

no.2 반장선거 하는 날

자, 부반장 후보 받겠어요. 부반장 후보를 추천해 주세요.
선생님, 최유진을 추천합니다. 조용하고 침착하게 부반장을 잘할 것 같아서 입니다.
최유진은 안 돼는대. 쟤는 말을 애기처럼 해요.
맞아, 엥엥거려. 히히히.
웅성
웅성
자, 조용! 본인이 앞에 있는데 상대방이 들으면 기분 상할 소리를 하면 어떻게 해. 자, 부반장 후보, 최유진.
최 유 진
앙해요.
깜짝
유진아, 후보로 추천되었는데 안 할 거야?
네엥~

no.3 유진이 어머니의 방문

자신이 들리지 않는다는 사실을 숨기고 싶어하는 아이

잘 들을 수 없고, 그로 인해 발음이 부정확한 것을 숨기고 싶어 하여 수업시간에 발표나 모둠활동 시 전혀 말을 하지 않고, 쉬는 시간에도 친한 친구들을 제외하고는 누구와도 이야기하지 않고 다른 친구들에게도 쉽게 다가가지 못하는 경우다.

유진이는 5학년 여자아이다. 청각장애 3급으로 보청기를 하고 있어도 작은 소리는 거의 들을 수 없고, 큰 소리도 입 모양을 봐야 무슨 말인지 알아들을 수 있다. 들리지 않으니 자연히 발음도 분명치 않아 처음 듣는 사람은 유진이의 발음을 잘 알아들을 수가 없다. 4학년 때 부정확한 발음과 듣지 못하는 일로 심하게 놀림을 당하고 따돌림까지 당해 5학년 올라와서는 친구들이 자신의 장애를 아는 것을 두려워 하여 거의 말을 하지 않고 소극적으로 생활해 문제가 되었다.

교사의 대처

담임교사는 다음 날 유진이가 심부름을 하러 간 사이 학급 아이들에게 유진이의 사정을 설명하였다. 이미 유진이가 들리지 않는다는 사실을 모르는 아이들은 거의 없었고 다들 유진이의 사정을 이해하고 유진이가 말을 할 때 위축되는 일이 없도록 놀리거나 괴롭히지 않기로 담임교사와 약속하였다. 담임교사는 또 유진이가 친구들과 말을 할 수 있는 기회를 마련해 주기 위해 유진이와 친한 친구들을 파악하여 유진이 근처에 앉게 해 주었고 미리 유진이와 약속하고 유진이가 손을 든다고 해도 발표는 본인이 원할 때까지 시키지 않았다. 그 결과 유진이는 친한 친구들과 자연스럽게 이야기하고 역할극을 할 때도 간단한 대사를 하는 등 많은 발전을 보였다. 하지만 여전히 작은 문제라도 발생하면 전학 가고 싶다고 이야기하는 등 상당한 피해의식을 가지고 있었으며, 자신의 장애를 구체적으로 밝히는 일에도 동의하지 않았다.

교사의 대처 방법 분석

잘한 점

- 아이의 의사를 최대한 존중해 주었다.
- 아이의 장애를 밝히기 전에 미리 아이와 가족의 동의를 구했다.
- 아이가 상처받지 않도록 학급 아이들에게 충분한 설명을 하였다.
- 자신감 있게 말할 수 있도록 좋아하는 친구와 가까이 앉게 하고 친밀감을 높일 기회를 마련해 주었다.

개선할 점

- 지속적인 상담을 통해 아이 본인과 학급 아이들이 가지고 있는 장애에 대한 인식을 바꿔준다.
- 아이에 대한 정확한 정보를 학급 아이들에게 제공한다.

- 아이가 자발적으로 이야기할 수 있는 환경을 만들어 주어 말하는 것에 대해 거부감을 갖지 않도록 도와주고 학급 아이들 역시 아이와 자주 이야기할 기회를 만들어 준다.
- 괴롭힘과 따돌림으로 형성된 아이의 비합리적인 사고를 바꾸어 주고 낮아진 아이의 자존감을 높여 준다.

상담적 접근

일반적으로 할 수 있는 관심과 배려

장애에 대한 인식 바꾸기

[해당 아동의 장애에 대한 구체적인 정보 제공]

청각장애에 대한 구체적인 정보를 제공하고 현재 유진이의 듣기 상태가 어떤지 정확하게 이야기해 주어 의사소통에 있어 문제가 발생하지 않도록 한다(어느 정도 거리에서 어떻게 말해야 들리는지, 말을 할 때는 어떻게 해야 하는지 등의 정보). 그리고 더 효과적으로 유진이와 의사소통하는 방법을 알려 준다(말을 할 때는 유진이를 바라보고 입 모양이 보이도록 하고 간결하고, 구체적인 단어를 선택하여 이야기한다. 물건이 있으면 물건을 가리키거나 모양을 흉내 내어도 좋고 중요한 단어는 몇 번 반복하여 이야기해 준다. 의사소통이 잘 안 될 때는 글로 쓰는 방법도 좋다).

[장애와 관련된 영상물 상영]

유진이와 같은 장애와 관련된 영상물을 볼 경우 유진이가 상처를 입을 수 있으므로 사전에 유진이와 이야기를 한 후 적절한 영상물을 골라 상영한다. 장애인의 날을 전후하여 그 주간에 장애 관련 영상물을 상영하거나 교과에 이와 관련된 내용이 나올 경우 상영하는 것이 좋고, 보고 난 후에는 알게 된 점과 느낀 점을 이야기해 보고 장애에 대한 이해도를 높이고 잘못된 인식을 바꿀 수 있도록 지도한다(도토리의 집이나 MBC 다큐멘터리 '사랑' 중 '로봇다리 세진이' 등 교사가 미리 보고 검증된 자료를 이용함. 유진이의 경우 느끼거나 학습하는 정도가 일반 어린이와 같기 때문에 '로봇다리 세진이' 가 더 유용함).

[함께 이야기하고 놀 수 있는 기회 만들기]

한 달에 한 번 정도 자리 배치를 다시 할 때 아이와 친한 아이를 두세 명 두고 나머지 친구들을 새로 들어오게 해 모둠을 구성한다. 유진이의 경우 두세 명의 친구는 이미 익숙해져 있는 상태이므로 의사소통 형태가 자리 잡혀 있다. 새로 들어오는 두세 명 역시 이미 익숙해진 친구와 함께 유진이와 의사소통하는 방법을 자연스럽게 배울 수 있고 유진이의 말이나 행동에 쉽게 익숙해질 수 있다.

쉬는 시간이나 수업시간에 함께 놀 수 있는 기회를 제공하는 방법도 좋다. 특히 쉬는 시간에 교실에 간단한 게임도구를 준비해 두고(젠가, 할리갈리, 공기, 딱지 등) 활용하게 하면 자연스럽게 모두 한마디씩은 나누게 되어 큰 효과가 있다.

아이의 학급활동 참여도 높이기

[자발적인 발표 유도]

처음에는 행동만으로도 가능한 발표를 시키고(그림이나 시화 보여 주기, 맞는 것에 줄긋기 등) 차차 숫자, 발음하기 쉬운 단어가 들어간 내용을 발표할 수 있도록 기회를 준다. 물론 사전에 아이와 충분히 대화 후 발표할 수 있도록 한다. 흥이 나서 저절로 손을 들게 만드는 게임이나 퀴즈를 활용해도 좋다(몸으로 답을 해도 되는 OX퀴즈도 참여도를 높이는 좋은 방법이다).

[약속하고 발표하기]

전날 미리 교사와 언제, 어떻게 발표할 것인지 약속하고 발표하는 것은 발표에 자신감을 주고 좀 더 적극적으로 참여할 수 있도록 도와준다.

[좋아하는 친구와 가까이 자리 배치해 주기]

아이를 좋아하는 친구, 아이의 상태를 이미 알고 있는 친구들과 자리를 배치해 주어 아이가 좀 더 적극적으로 말할 수 있는 환경을 만들어 준다.

[도와주는 친구 만들기]

학교생활 중 아이가 들리지 않아서 놓칠 수 있는 것을 도와주는 친구를 한 명씩 만든다. 이는 교사가 꼭 정해 주지 않아도 자연스럽게 정해지는 경우도 있으나 만약 없는 경우 모둠에서 한 명을 정해 아이를 도와주도록 한다(필기나 학습 내용이 변경된 경우 등).

자존감 높이기

[발표했을 때 칭찬하고 웃어주기]

자발적으로 발표했을 경우 칭찬해 주는 것이 좋고 잘 들리지 않으므로 친구들이나 선생님이 미소를 짓거나 박수를 쳐 주는 등 행동으로 표현하는 것도 자존감과 학습활동 참여를 높이는 데 도움이 된다.

[역할주기]

아이가 잘할 수 있는 역할을 주고 충분히 잘 수행했을 때 그만큼 보상해 준다. 청각장애아동의 경우 그림을 꼼꼼히 잘 그린다거나 글을 쓰는 것으로 자신이 말로 표현하지 못하는 부분을 세밀하게 표현하는 경우가 많다. 이를 활용하면 좋다(그림 도우미, 숙제검사 도우미 등).

[꾸준한 상담을 통해 자존감 높이기]

꾸준한 상담을 통해 아이의 상태를 항상 확인하고 시간 날 때마다 지지해 주고 칭찬해 주는 것이 좋다. 부정적인 고정관념을 없애고 긍정적인 생각을 할 수 있도록 도와준다.

구체적인 전략

비합리적인 생각 바꿔주기

[감정 유발 사건 찾기]

유진이의 경우 4학년 때의 따돌림 사건으로 인해 마음의 상처를 입은 상태이므로 유진이의 이야기를 들어주고 그때의 상처를 보듬어 준다.

[비합리적인 생각 찾기]

사건으로 인해 얻게 된 생각이 무엇인지 이야기해 본다. 유진이의 경우 자신이 장애를 가지고 있다는 사실을 친구들이 알면 자신을 따돌릴 것이라는 생각이 강하다.

[현재의 상황 생각해보기]

과거의 사건과 생각으로 인해 아이의 지금 상황이 어떤지 이야기해 본다. 자신의 장애를 숨기고 지내는 것이 과연 가능한 것인지, 장애를 숨기면서 나타나는 단점은 무엇인지 구체적으로 이야기해 보고 들어준다. 그리고 지금처럼 지내면 좋은 점이 무엇인지, 나쁜 점이 무엇인지도 생각해 볼 기회를 가지게 한다.

[비합리적인 사고 논박하기]

자신의 생각을 바꿀 수 있는 여러 가지 질문을 해 보고 아이가 생각해 볼 기회를 준다.

- 지금 자신의 생활이 행복한가?
- 장애를 숨기면서 얻는 이득은 무엇인가?
- 장애를 가진 사람들은 모두 따돌림을 당하는가?
- 비장애인 중에도 서로 싫어하는 친구들이 있는데 왜 그런 걸까?
- 모든 친구와 사이좋게만 지낼 수 있는 친구가 있을까?
- 아이가 장애를 가지고 있어도 유진이와 친하게 지냈던 친구들은 왜 그런 것일까?
- 현 상황에서 더 행복해지기 위해서는 어떻게 하는 것이 좋을까?

[합리적인 생각 연습하고 실행하기]

앞으로 부딪히게 될 많은 장애를 극복하기 위해 비합리적인 생각을 바꾸고 자신을 독려할 수 있는 생활 태도를 연습하고 실행할 수 있도록 도와준다(모든 친구가 장애를 갖고 있다는 이유로 친구를 따돌리지는 않는다, 서로 맞는 친구도 있고 맞지 않는 친구도 있다, 말을 하지 않으면 다른 친구들과 친하게 지낼 수 없다, 스스로가 먼저 나 자신을 인정하고 좋아해 주어야 다른 사람들도 나를 인정하고 좋아한다 등의 합리적인 생각 연습하기). 매일 일정한 시간에 거울을 보고 자기 암시를 하거나 스스로 파이팅 하는 습관을 가지는 것도 좋다. 소극적인 생각이 소극적인 행동을 만들기 때문에 어떤 상황에서든 보다 적극적으로 생각하고 행동할 수 있도록 미리 다양한 상황을 간접 경험해 볼 수 있는 기회를 마련해 주고 연습하게 한다(간접경험, 역할극 등).

자신이 특수학급에 속해 있다는 것을 용납하지 못하는 아이

no. 1 왜 제가 특수학급(희망 반)에 가야 하나요

no.2 대수는 희망반에 오는 걸 창피하게 생각해서 그래요

no.3 대수야 네게 어떤 것이 더 도움이 될까 잘 생각해 봐

학습 지진으로 특수학급에 입급된 것을 용납하지 못하는 아이

일반적으로 지능이 평균보다 낮은 편이며 그 학년의 학습을 따라가기 힘들어 특수학급에 입급된 아동으로 일상생활에는 특별한 문제가 없어 자기가 특수학급에 가야 한다는 사실을 받아들이지 못하는 경우다.

대수는 4학년 남자아이로 특수학급 입급된 아동이다. 지능이 평균에서 약간 떨어지는 편으로 자기 학년의 학습을 따라가기에는 부족한 편이지만 생활지능은 낮지 않아 아이들과는 장난도 잘 치며 원만하게 지내는 편이다. 그러나 국어, 수학 시간에 특수학급에 가서 학습을 받고 와야 한다는 것을 부끄럽게 생각하고 가기 싫어한다.

교사의 대처

대수가 희망반(특수학급)에 가기 싫어하는 것을 알고는 희망반 선생님과 대수의 문제를 함께 의논하였고 대수와 상담을 통해 대수의 상태를 인식시키도록 노력하였으며, 앞으로 더 나아지면 희망반에 가지 않아도 된다는 희망을 주었다.

교사의 대처 방법 분석

잘한 점

• 특수학급 담임교사와의 상담을 통해 아이 행동의 원인을 찾아보았다.
• 아이와의 상담을 통하여 본인의 상태를 인식시키도록 노력하였다.

개선할 점

• 아이와의 본격적인 상담을 통하여 아이가 자기 자신을 받아들일 수 있도록 좀 더 노력할 필요가 있다.
• 특수학급 담임교사와의 유기적인 관계를 통하여 아이의 학교생활 적응을 위한 구체적 방법을 찾아본다.
• 가정과의 상담 등을 통하여 연계지도를 부탁한다.

상담적 접근

일반적으로 할 수 있는 관심과 배려

개별화 교육

이런 학생일수록 학생의 특성에 맞는 개별화된 교육이 더욱 필요하다. 예를 들면, 수학에서 자릿값 이해가 잘못되어 다른 방식의 계산법을 이용(예, 더하기

세로 셈은 일반적으로 오른쪽에서 왼쪽으로 계산하나 왼쪽으로 오른쪽으로 계산함을 고집함)하는 경우 이러한 오류 패턴을 파악하여 개별화된 지도를 한다.

부정적인 행동에 대한 대처

자기 마음대로 되지 않을 때 울거나 고집을 피우는 등 부정적인 행동을 하면 무시하는 것이 가장 좋은 방법이다.

아이가 막무가내로 울 때 교사는 다른 아이들과 아주 재미있는 활동을 시작하면서 마치 우는 아이가 없는 듯이 행동하도록 한다. 그리고 아이가 울음을 그치면 아무 일 없었다는 듯이 활동에 그 아이도 참여시킨다. 이런 일들이 반복적으로 일어나서 우는 것이 문제 해결에 전혀 도움이 되지 않는다는 사실을 자각하게 되면 아이는 점차 우는 행동을 멈출 것이다. 아이가 우는 행동 대신 긍정적인 행동을 할 때마다 곧바로 칭찬해 주는 방법을 곁들이면 더 효과가 빠르게 나타날 수 있다.

구체적인 전략

현실치료의 방법을 적용한 개인상담을 통하여 아이로 하여금 현실을 수용하고 앞으로의 행동을 계획할 수 있도록 도울 수 있다.

[1단계–관계를 형성하는 단계]

현실치료의 첫 단계는 우정과 신뢰를 만드는 단계로 대수의 경우에는 교사가 대수를 진심으로 도와주려고 하고 있으며, 교사의 말을 믿고 따르고 싶다는 마음이 들도록 하는 것이다. 함께 놀이를 한다거나 여러 가지 이야기를 나누면서 다양한 경험 속에서 관계를 형성하는 것이 좋다.

[2단계–현재 행동에 초점을 맞추는 단계]

현실치료에서는 "이번 주일에 당신은 어떤 행동을 했습니까? 뭔가 원한다고 말한 것을 행동하기 위해 어떤 행동을 멈추었습니까? 내일은 무엇을 하려 합니까?"라고 묻는다. 대수의 경우에는 "네가 희망반에 가기 싫다면 거기에 맞는 실력을 키워야 해. 그러기 위해서 넌 무엇을 하고 있지?" 이렇게 질문하면 대수는 '나는 특수학급에 가야 해. 특수학급에 가지 않으려면 어떤 행동을 해야 하지?' 이렇게 생각하면서 자기를 돌아볼 가치를 갖게 될 것이다.

[3단계–자기 행동을 평가하도록 청담자를 초청하는 단계]

현실치료자의 주요 임무는 청담자로 하여금 그의 행동이 자신에게 도움이 되는지를 스스로 평가하게 하는 것이다. 만약 청담자가 자신의 행동에서 얻을 것이 없다는 것을 자각하게 된다면 긍정적 변화가 일어날 가능성이 있는 것이다. 상담자는 청담자에게 "자신을 돕기 위해 어떤 행동을 하고 있는가? 되고자 하는 것을 위해 지금 무엇을 하고 있는가? 당신의 행동은 도움을 주는가?"라고 질문을 함으로써 청담자가 가치 판단하는 것을 도울 수 있다. 대수의 경우에는 희망반에 가지 않는다고 떼를 쓰는 행동이 자신의 발전에는 도움이 되는지 스스로 평가해 보게 하는 단계다.

[4단계 - 청담자가 행동 계획을 발달시키는 것을 돕는 단계]

여기서는 가능한 행동을 탐색하여 그것들을 가지고 계획을 짜는 단계다. 계획은 현실치료에서 필수적이다. 청담자는 일단 계획이 수립되면 실천해야 한다. 계획은 간단하고 명확하며, 짧고 작은 단위로 쪼갤 수 있어야 하며, 청담자가 하려고 하는 것이어야 한다. 청담자가 해야 할 행동의 내용, 시기, 장소, 빈도수를 포함하는 구체적인 것이어야 하며, 매일 해야 하는 반복적인 것이어야 한다. 또한 즉시 수행되어야 하는 즉시적인 것이어야 한다. 대수의 경우에는 간단한 계획을 짜고 이것을 실천하는 것은 대수 자신이고 성공 여부도 대수 자신에게 달려 있다는 것을 확실히 알린다. 또 희망반 수업을 빠뜨리지 않고 적극적으로 참여하는 것을 목표로 삼아 날마다 체크 리스트 표를 만들어 주고 대수 스스로 체크할 수 있도록 함께 항목을 넣어 표를 만들어 줄 수 있다.

[5단계 - 의무를 수행하게 하는 단계]

청담자가 자신의 행동에 대해 가치 판단을 하고 행동 계획을 결정한 다음에 상담자는 그가 매일의 생활에서 계획을 실행하도록 돕는다. 즉, 청담자 스스로 자신의 계획을 실제로 실천하는 단계다. 대수의 경우에는 함께 만든 체크 리스트 표를 실천하면서 자기 스스로 얼마만큼 실천하였는지 표시를 하는 단계다.

[6단계-변명을 받아들이지 않는 단계]

수립된 계획을 실행한 후에 상담자는 변명을 수락하지 않는다. 청담자가 계획을 이행하지 못할 때 상담자는 청담자에게 "무엇이 일어났는지요? 계획이 비현실적인가요? 너무 많이, 너무 빨리 서두르지 않았는지요? 어떤 일이 일어날까요? 우리 다시 계획을 짜야 하는지요?"라고 질문을 한다. 상담자는 변명을 받아들이지 말고 청담자가 계획을 수행하지 못한 것 때문에 고통을 받게 될 정도로 냉정해야 한다. 그런 연후에 상담자는 도움을 주고 너덧 단계 뒤로 물러나서 새로운 계획을 다시 세우고 새로이 계획을 수행하도록 도와준다. 대수의 경우에 '무슨 일이 있어서 희망반 수업을 빠트렸지?' '희망반 수업에 다 참여하는 것이 너무 힘드니?' 등의 질문을 하면서 약속을 지키지 못한 원인을 찾고 희망반 수업 참여 빈도를 수정한 새로운 계획을 짠다.

[7단계-벌을 사용하지 않는 단계]

현실치료에서는 벌을 사용하지 않는다. 벌을 사용하는 대신 상담자는 청담자에게 행동에 따르는 당연한 결과를 인정하고 받아들이도록 요구한다. 비판적인 논평을 하지 않고 변명을 받아들이지 않으며 비평가적인 태도를 유지하면서 청담자가 진실로 변하고 싶어 하는지 물어볼 수 있다. 청담자는 자신이 지금까지 해 온 실천 행동을 그대로 계속할지, 어떨지에 대해 재평가를 해야 한다. 대수의 경우 수정한 계획을 실천하지 않으면 변명을 하게 하지 말고 정말로 희망반에 가고 싶지 않은지, 정말로 일반 학급에서 친구들과 함께 공부하고 싶은지 물어보고 스스로 자기 행동에 대한 평가를 하게 한다.

[8단계 – 포기하는 것을 거절하는 단계]

현실치료의 특성은 끈기다. 사람은 희망이 없고 결코 바뀔 수 없다고 가정하는 것은 아무 도움이 되지 않는다. 따라서 청담자가 어떻게 말하거나 행동할지라도 상담자는 청담자의 변화 능력을 믿어야 한다.

●교사에게 촌지 주는 학부모●자기 아이만 미워한다고 항의하는 학부모●아이의 말만 믿는 학부모●교사에게 무리한 요구를 하는 학부
자신감만 지켜주고 싶은 학부모●학교생활을 스스로 할 수 없게 하는 학부모●교사를 모략하는 두 얼굴의 학부모●학급 일을 학교 관리
하는 학부모●자녀의 학습에 너무 무관심한 학부모●학교에 지나치게 자주 찾아오는 학부모●내가 한 만큼 돌려받고 싶은 학부모● 교
하는 학부모●언행이 교사에게 호의적지 못한 학부모●자신들의 문제를 교사에게 전가하는 학부모●자기 입장만 이야기 하는 학부모●
못하는 추궁형 학부모●자기 아이를 과대평가하는 학부모●교사에게 촌지 주는 학부모●자기 아이만 미워한다고 항의하는 학부모●아
믿는 학부모●교사에게 무리한 요구를 하는 학부모●아이의 자신감만 지켜주고 싶은 학부모●학교생활을 스스로 할 수 없게 하는 학부모
모략하는 두 얼굴의 학부모●학급 일을 학교 관리자에게 상의하는 학부모●자녀의 학습에 너무 무관심한 학부모●학교에 지나치게 자주

이물질을 씹는 아이

소리에 집착하는 아이

수업시간 중에 돌아다니는 아이

아무데서나 용변을 보는 아이

먹은 음식을 토하는 아이

교실 밖으로 도망가는 아이

물건을 집어 던지는 아이

자폐로 인해 수업을 방해하는 아이

체육수업에 참여하지 않으려는 아이

좋아하는 것만 참여하고 나머지는 신경쓰지 않는 아이

한글을 깨우치지 못한 아이

보청기를 낀 아이

들리지 않는다는 사실을 숨기고 싶어 하는 아이

자신이 특수학급에 속해 있다는 것을 용납하지 못하는 아이

공격적으로 행동하는 아이

학급 친구들과 의사소통이 되지 않는 아이

주위 친구들과 전혀 어울리지 않는 아이

뭐든지 마음대로 하는 아이

3 상호작용의 문제

공격적으로 행동하는 아이

no.1 수업 중에 (1)

no. 2 수업 중에 (2)

선생님, 저도 그거 줘요.
효진아, 이건 활동을 다 마치면 받을 수 있어. 염려 말고 어서 열심히 하렴. 그럼 효진이도 받을 수 있어. 손을 그렇게 세게 비벼대지 말고 어서 해 보거라. 효진이 착하지.
데굴 데굴
쾅 쾅
네 뜻대로 되지 않는다고 그렇게 바닥에 뒹굴면 어떡하니? 어라…… 그렇게 발을 세게 찧고 머리를 부대면 큰 일 나. 그만하고, 어서 일어나야지.
알았다. 알았어. 줄게. 그래, 그러니까 그만하고 일어나. 수업 좀 제대로 하자.
식 식

no.3 어머니와의 면담

선생님, 많이 힘드시죠? 저희 효진이는 정신지체 3급이에요. 행동 조절을 위해 약물요법도 쓰고 있어요.
네, 그랬군요. 제가 힘든 것도 그렇지만 다른 아이들 수업에 너무 방해가 돼서요.
……
자기 뜻대로 되지 않으면 마구 뒹굴고, 다른 친구에게 시샘하는 마음이 들면 갑자기 머리채를 잡아당기거나 등 매우 공격적으로 변해요. 갑작스럽게 일어나는 일이라 도저히 막을 시간이 없어요. 바로 진정되는 일도 아니어서 수업은 항상 엉망이 돼 버려요.
알고 있어요. 이제까지 해마다 겪어오는 일이라서……
부모님의 동의가 필요한 일이지만, 혹시 특수학급에 보내셔서 효진이에게 맞는 특수교육을 시켜 보실 의향은 없으신가요?
여러 가지 어려움이 있지만 공부는 제가 집에서 따로 보충을 하더라도 생활은 똑같이 일반 학급에서 시키고 싶습니다. 그건 제 아이의 권리예요, 선생님.

공격적인 행동을 보이는 특수 아동

본인의 뜻대로 되지 않을 때 주변 아동에게 공격적인 행동을 하여 피해를 입히거나 자해행동을 하는 경우다.

효진이는 3학년 여자아이이다. 정신지체 3급의 장애 판정을 받았지만 특수교육을 받지 않고 일반 학급에서만 생활하고 있다. 하루에 몇 차례씩, 심한 날은 하루에도 여러 차례 큰 소란을 일으켜 정상적인 수업 진행을 가로막는다.

교사의 대처

담임교사는 평소 쉬는 시간이나 청소시간을 통해 효진이와 이런저런 대화를 나누려고 애썼다. 문제 상황이 발생했을 때 다른 아이들이 소란스럽지 않도록 하기 위해 최대한 냉정하고 침착한 태도로 상황을 해결하려 노력했다. 크게 당황하지 않은 모습으로 효진이를 대했고 가능한 한 언성을 높이지 않고 아이의 그릇된 행동을 지적하고 피해를 본 아이를 달래고, 경우에 따라 전체 아이에게 상황을 설명하고 같은 경우에 대처하는 방법에 대한 이야기를 나누었다. 그러느라 수업은 늘 끊기고 소요되는 시간도 많아서 점점 지쳐갔다.

효진이는 평소에는 친구들에게 상냥한 말씨를 쓴다. 그러나 요구나 욕구가 충족되지 않을 때에는 순식간에 공격적으로 돌변한다. 때로는 교실 바닥에 드러누워 머리나 발로 쿵쿵 큰 소리가 나도록 하는 경우도 있다. 하루에도 몇 차례씩 친구로나 교사를 상대로 이런 소란 상태를 만들기 때문에 수업은 항상 매끄럽게 진행되지 않고 주변 친구들이나 효진이 자신이 행여 다치는 것이 아닐까 해서 걱정도 된다.

효진이 어머니와는 자주 연락하고 효진이의 공격행동에 대한 이야기도 나누는 편이지만 별다른 대책이 서지 않는다. 특수교육은 방과 후를 이용하여 사교육을 통해 받도록 관리하며 공교육은 일반 학급에서 다른 친구들과 똑같이 어울려 적응해 나가기를 바라고 있다.

담임교사는 효진이의 이러한 문제성 행동이 정신지체아동이 갖는 어쩔 수 없는 특징에서 오는 것으로 보고 아이의 뜻대로 하도록 마냥 허락해야 할지 몰라 곤란을 겪고 있다.

교사의 대처 방법 분석

잘한 점

- 아이가 문제 상황을 만들 때 비교적 침착하게 대처하였다.
- 아이와 친숙한 관계를 형성하려고 노력했다.
- 가정과 연계하여 지도하려 시도하였다.
- 학급 아이들의 협력을 구하였다.

개선할 점

- 아이의 특수한 상태에 대해 전문적인 지식을 탐색해 볼 필요가 있다.
- 같은 사안에 대해서 같은 대처를 하며 일관성 있는 태도로 아이를 대하는 것이 좋다.

상담적 접근

일반적으로 할 수 있는 관심과 배려

- 담임교사는 학급 아이들에게 아이의 신체적 특성을 설명해 줄 필요가 있다. 이를 통해 아이의 이상 행동이 어쩔 수 없는 과정임을 학급 아이들이 이해하고 받아들이는 데 도움이 될 것이다. 또한 이러한 장애에 대한 이해가 아이를 대하는 마음 자세를 새롭게 할 수 있다.
- 특수한 상태에 있는 아이를 친구로서 받아들이고 함께 학급 생활을 할 수 있는 방안을 토의해 보는 것도 좋다. 학급 아이들 스스로 또래의 시각으로 아이의 특징을 이야기하고 각 특징별로 학급생활에 도움이 되었던 점과 곤란했던 점을 찾아보게 한다. 도움이 되었던 점을 짚어 긍정적인 면을 다시 한 번 부각시키고, 곤란했던 점에 대한 현명한 대처 방안에 대해 이야기 나누는 기회를 갖는다.

구체적인 전략

정신지체아동의 일반적인 특성 파악하기

• 신체적으로 살펴보면 정신지체아동은 일반 아동보다 발달 단계를 느리게 거치며 정상 수준에 도달하지 못하는 것으로 알려져 있다. 주로 언어나 인지, 주의력 등의 특정 영역에 문제를 보이지만 다른 영역에는 문제가 없을 수도 있다.

• 학습 면에서 살펴보면 신경계통의 손상으로 기억력, 주의력, 자극의 정보를 조직화하는 데 어려움을 겪기 때문에 학습과 기억에 문제가 나타난다. 대부분 학습과 관련 없는, 엉뚱한 것에 주의를 집중하면서 많은 시간을 소비하며, 적절한 학습과 정보를 입력하기 어려워한다. 특히 단기기억력에 결함을 가지고 있는 경우가 많은데, 이는 신경계가 완전하지 않아 기억흔적이 급속히 사라지기 때문이다. 정신지체아동은 일련의 숫자, 문자 학습에서 암송을 하는 능력이 떨어진다. 또 비슷한 것을 묶어서 기억하거나 연상시켜서 회상하는 능력이 떨어지는 학습적인 특성을 갖고 있다.

아동이 갖는 개인적 특성 파악하기

• 구체적인 항목을 정하여 관찰한다. 이를 위해 일정기간 관찰표를 작성하여 활용하는 것도 좋다. 관찰 행동이 일어나기 직전에 있었던 관련 상황을

기록한다. 예를 들면 다음과 같다.

날짜	긍정적인 행동		개선을 요하는 행동		
	순진한 모습으로 수업에 활력이 됨	학급 일을 도움	친구를 신체적으로 괴롭힘	고집 부림	자해 등으로 수업에 방해됨
/					
/					
/					
/					
⋮	⋮	⋮	⋮	⋮	⋮
계	( )회	( )회	( )회	( )회	( )회

- 이를 바탕으로 수정을 바라는 행동과 증가를 바라는 행동을 파악하여 목표를 정한다.
- 개선을 요하는 행동들과 그 행동이 일어나게 되는 환경들을 분석한다. 어떤 상황이 곤란한 행동을 유발시키는지 요인을 묶어 본다. 그리하여 이렇게 분석된 상황적 요인들의 공통점이 발견되면 가급적 그런 상황이 조성되지 않도록 주의한다. 예를 들면, 짝꿍이 새롭고 예쁜 머리끈을 하고 왔을 때 순식간에 그 짝꿍의 머리채를 잡아당기는 행동을 목표 행동으로 정했을 경우 효진이의 짝꿍이 되는 동안에는 가급적 새 머리끈을 하고 오지

않도록 시키고 새 머리끈을 하고 온 날에는 미리 효진이의 머리 모양이라든가 머리장식을 관심 있게 보아 주고 예쁘고 잘 어울린다고 하면서 충분히 칭찬을 해 주는 것이 좋다.

- 긍정적인 행동이 관찰되었다면 그 행동이 일어나게 되는 상황을 파악한 후 유사한 환경이나 상황을 조성하여 긍정적인 행동을 유발하고 이를 칭찬해 주는 것이 좋다. 예를 들면, 친구들이 친절한 말투로 "효진아, 지우개 좀 빌려 줄래?"라고 했을 때 효진이가 선뜻 빌려 주고 보람을 느끼는 모습이 다수 관찰되었다면 짝이 되어 앉게 되는 친구와 이런 경험을 더 할 수 있도록 하여 친구와 사이좋은 관계를 형성할 수 있도록 한다.
- 교사를 상대로 자신의 욕구가 충족되지 않는 경우에 보이는 행동(바닥에 누워 머리나 발을 찧는 행동)을 할 때 크게 신체적 손상이 없다면 모르는 척하고 무관심을 보이는 것도 한 방법이다. 단, 아이의 신체에 손상이 간다고 판단되면 교사는 즉시 아이를 감싸 안아서 신체를 보호해 주어야 한다. 그 후 이와 같은 상황을 부모에게 알리도록 한다. 만약 이와 같은 상황이 지속된다면 부모와 논의하여 특수보조교사가 배치되도록 한다.
- 학습 면에서는 아이에게 맞는 수준의 학습 내용과 자료를 활용하여 학습에 집중할 수 있도록 한다. 정신지체의 특성 상 집중시간이 짧은 데다가 어려운 내용을 학습하는 일반 수업시간에는 방해 행동을 취하기 쉽기 때문이다. 예체능 시간에는 다른 아이들과 모둠활동을 할 수 있도록 격려하고 주지교과 시간에는 교사가 지도관리하기 좋은 곳에 별도의 좌석을 만

들어 아이의 수준에 맞는 학습활동을 할 수 있도록 하는 것이 좋다. 특수 아동을 위한 학습 자료를 구할 때 교내 특수학급 교사와 상의하여 도움을 받는 것도 효율적일 것이다.

학급 친구들과 의사소통이 되지 않는 아이

no. 1 선생님, 유리가 왕따시켜요

no.2 지애는 우리가 말을 걸지 않거나 그냥 지나가는 것도 왕따시킨다고 해요

교육 가능한 지적 장애로 친구들과 의사소통이 안 되어 왕따당한다고 생각하는 아이

신체에 이상은 없는데 경도 지적 장애로 친구들과 의사소통을 하지 못한다. 아이의 말을 이해 못하는 친구들이 별 반응을 보이지 않거나 말을 걸지 않으면 왕따시킨다고 해석하며 서운해 하는 경우다.

지애는 신체 결함은 없으나 지적 장애를 가지고 있어서 특수학급에 배정되어야 하지만 부모의 요구로 일반 학급에 배정된 6학년 여자아이다. 한글을 읽을 수 있으며, 받아쓰기는 1~2학년 수준이고 일상생활에 매우 간단한 정도로 의사소통이 되고 교육이 가능한 기초학습 부진아이다. 하지만 어휘력이 매우 부족하고 말을 끝까지 하지 못하여 자기 감정 표현이나 세부적인 의사소통이 안 된다. 이 같은 이유로 또래집단에 소속되지 못하고 학급 친구들이 말을 하지 않거나 자신의 말에 별 반응을 보이지 않으면 따돌림을 당한다고 여긴다. 학급 내에서 역할을 제대로 수행하지 못하고 스스로 고립되어 있는 상황이기는 하지만 잘 웃는 특성이 있고 학급 친구들에게 방해되거나 교사를 힘들게 하는 행동은 없다.

교사의 대처

지애는 말을 끝까지 하지 못하고 말하고자 하는 핵심 내용을 표현할 줄 몰라서 친구는 물론 교사와도 의사소통이 잘 되지 않는다. 교사도 지애가 하는 말의 의미를 알기 위해서는 하던 일을 멈추고 아이에게 캐물어가면서 의미를 파악해야 한다. 3월 중순에 이런 모습을 보이는 지애 때문에 담임교사는 지애가 말하는 왕따라는 것이 어떤 상황인지 알아보려고 몇몇 친구들과 방과 후에 상담을 하였다. 지애가 웃기는 잘 하는데 의사소통이 잘 되지 않으니까 친구들은 지애와 거의 어울리지 않거나 말을 하지 않는 것이 습관이 된 상태였다. 그래서 지애는 또래들과는 어울리지 못하고 자기와 비슷한 상황의 여자 후배들과 어울리고 있었다.

엄마와 상담 결과는 얼마 전까지도 늘 왕따를 당하면서 스트레스를 받아 배가 아프다고 학교 급식을 거의 먹지 못했고 담임교사도 신경을 써 주지 않아서 아이가 학교에 다니길 싫어했다고 하였다. 상담 후 담임교사는 학급 전체 아이들에게 지애의 특성을 이해시켰다. 또한 지애가 점심시간에 친한 친구와 함께 교사 앞에서 즐거운 마음으로 밥을 먹게 하여 배가 아파서 밥을 굶거나 학교에 오기 싫다는 말이 나오지 않도록 지도하였다. 우등생과 교사가 연계하여 학습부진 개선을 위해서도 꾸준히 노력하였다. 부모는 지애가 학습보다도 친구들에게 왕따당하지 않고 원만한 생활을 할 수 있게 도와 달라고 부탁하였다.

교사의 대처 방법 분석

잘한 점

- 아이가 애매하게 하는 말의 의미를 알기 위해 친구와 상담하여 아이가 가지고 있는 문제점을 파악하고 도움을 주었다.
- 아이를 왕따시킨다는 유리에게 야단을 먼저 하지 않고 어떤 상황인지 자연스럽게 말하도록 하여 아이가 보이는 문제점을 친구들에게서 찾아내었다.
- 아이가 친구들에게 왕따를 당하지 않고 즐겁게 학교생활을 하도록 도움을 주었다.
- 아이의 학습부진 개선을 위해 우등생을 활용하고 교사도 노력하였다.

개선할 점

- 친구들에게 왕따당하지 않고 학교생활을 원만하게 할 수 있도록 도와야 한다.
- 자기의 의사를 정확히 전달하여 친구들로부터 오해받지 않도록 지도한다.
- 부모와 상담하여 아이가 일상생활을 개선할 수 있도록 공동의 노력이 필요하다.

상담적 접근

일반적으로 할 수 있는 관심과 배려

학급 아이들이 장애아이를 배려하고 어울리는 학급 만들기

- 장애아이의 상황을 학급 아이들에게 이해시킨다. 지애의 경우 선천적으로

장애를 가지고 태어났기 때문에 고치려고 해도 잘 고쳐지지 않는다. 이러한 특성은 학급 아이들 모두의 성격, 신체적인 특징, 공부하는 능력이나 성적이 다른 것과 같은 이치라는 것을 지도한다.

- 왕따와 관련된 시청각 자료를 활용하여 학급 아이들과 의견을 나누며 서로를 배려하는 학급 분위기를 조성한다.
- 특수아동이라고 같은 종류의 친구들끼리 교육시킬 경우에는 사회적 상호작용 능력, 다양한 어휘 습득, 의사소통 능력의 향상이 어렵기 때문에 이들을 일반 학급에서 공부를 시키는 것이다. 그러므로 지애가 친구들의 행동을 관찰하면서 부적절한 행동을 감소시키고 바르게 생활할 수 있도록 배려 해 줄 것을 당부한다.
- 학교는 다양한 특성을 가진 사람들이 함께 어울리고 도우며 살아가면서 자연스럽고 따뜻한 사회를 만들어 가는 것을 배우는 장소라는 것을 인식시킨다.
- 지애도 학급의 모든 아이와 마찬가지로 학교에 오면 친구들에게 따돌림 당하지 않고 즐거운 마음으로 공부할 권리가 있다는 것과 지애의 특성을 편견 없이 받아들이고 인정하며 지애가 행복한 학교생활이 되도록 돕는 것은 지애보다 더 좋은 조건을 가진 학급 친구들의 의무임을 인식시킨다.
- 지애의 학교생활과 일상생활에 도움이 되도록 영역별 당번 도우미제를 실시한다. 예를 들면, 친구와 잘 지내는 방법, 학습, 체육시간의 활동, 청소시간, 심부름 등 지애가 원만하게 활동하지 못하는 영역을 설정하여 당번

제를 실시한다. 당번제는 도우미의 특성과 희망에 의해 자발적으로 선정하도록 하여 바람직한 결과가 나오도록 한다. 정기적으로 도우미제에 관하여 반성하는 시간을 갖고 아이들과 의견을 나누며 좀 더 효율적으로 운영하는 방안을 마련한다.

- 지애는 자신이 한 말에 대해서 친구들의 반응이 없거나 말을 하지 않으면 왕따를 당한다고 여기므로 학급 아이들이 지애가 하는 말을 이해하지 못하는 경우에는 질문을 해서라도 이해하고 반응을 보이도록 한다.
- 학급 아이들과 함께 장애인 인식을 개선하기 위한 영화를 보면서 그들을 따뜻하게 대할 수 있는 태도를 갖게 한다. 영화의 예를 들면,
  - I AM SAM(2001): 정신지체인 아빠가 정상인 딸과의 사랑을 다룬 영화
  - 제8요일(1995): 주인공이 실제 다운증후군이어서 더 유명한 영화
  - 길버트 그레이프(1994): 소년이 정신지체이자 자폐아인 동생을 도와주며 성숙해 가는 이야기를 다룬 영화
  - 장애 관련 영화 참고 사이트: http://blog.naver.com/elena1212/140018750888

교사가 장애아이에게 도움주기

- 장애아이만을 위한 토큰 강화제를 실시한다. 학급 아이들이 영역별 도우미제를 실시함에 따라 정기적으로 점검을 하고 아이가 잘한 영역에 대해

서는 아이에게 직접 스티커를 주어 자신의 손으로 붙이도록 하면서 스스로 만족감을 가지고 생활을 개선해 나가도록 돕는다. 강화물은 학부모와 상의하여 아이가 좋아하는 물건이나 좋아하는 활동을 하도록 하고 도우미제를 잘 실행하고 있는 학급 아이들에게는 교사가 적절하게 보상한다.

- 장애아이에게는 학급 친구들이 일부러 시간과 노력을 들여서 아이를 돕고 있는 것에 대해서 항상 고마워하는 마음을 갖도록 하고, 더불어 장애아이도 친구를 도울 수 있는 것을 찾아 돕도록 지도한다.
- 장애아이에게는 학급 친구들이 자신의 말에 대답하지 않거나 반응을 보이지 않을 때 왕따당한다고 오해하지 말고 자신의 말을 듣지 못했거나 다른 생각을 했기 때문일 거라고 여기게 한다.

구체적인 전략

의사소통을 바르게 하고 친구들과 사이좋게 지내는 방법 가르치기

- 책을 통하여 친구들과 바르게 의사소통을 하는 방법과 사이좋게 지내는 방법을 찾게 하고 어휘까지 늘려 주어 실력 향상에도 도움을 준다. 책을 본 후에는 책의 내용 중에서 아이의 문제를 개선할 수 있는 이야기거리로 대화를 주고받는다. 도움이 되는 책 몇 가지를 소개하면 다음과 같다.

- 『우리는 친구』: 친구들과 따뜻한 대화를 통해 우정을 쌓아가는 방법을 배울 수 있다.
- 『무지개 물고기와 신기한 친구들』: 아이들이 장애, 성별, 인종 등을 뛰어넘어 친구를 사귀면서 진실된 우정을 쌓아나갈 수 있도록 이끈다.
- 『휠체어를 타는 친구』: 장애아동을 대하는 태도에 관한 책으로 일반 아동을 대상으로 아침독서 시간에 교사가 읽어 주어도 좋다.
- 『나랑 친구할래?』: 어린이의 감수성과 사고 발달 과정을 고려해 쓴 대화체의 문장과 표정이 살아 있는 그림이 어린이의 심리상태를 쉽고 정확하게 표현했다.
- 아이는 1, 2학년 정도의 학습 능력을 가지고 있으므로 다룰 책도 가볍고 학습 시간도 많이 걸리지 않는다. 그러므로 교사는 아이에게 책을 읽히기 전에 반드시 먼저 책을 읽고 아이와 나눌 대화의 내용을 미리 준비한다. 그리고 다음의 예시와 같은 대화를 나누면서 중요한 말을 빼지 않고 끝까지 이야기를 해야 친구들에게 왕따를 당하지 않을 것이라는 점을 말해 준다.

> 교사: 지애야, 이 책의 주인공이 친구에게 어떤 일을 했니?
> 지애: 넘어졌을 때 일으켜 줬는데…….
> 교사: "일으켜 줬는데"라는 말 말고 책에서 더 말한 거 없었니?
> 지애: 아, 일으켜 주면서 다친 데는 없는지 물어봤는데…….

교사: "물어봤는데"라고 말하는 것보다 "다친 데는 없는지 물어봤어요."라고 하는 것이 더 정확한 거야.

지애: 아, 다친 데는 없는지 물어봤어요.

교사: 그래, 그렇게 해야 친구들이 더 잘 알아들어. 그럼, 일어난 친구가 주인공에게 어떤 말을 했지?

지애: 고맙다고 하면서 말했는데…….

교사: "말했는데"가 아니고 뭐라고 해야 하지?

지애: 아, 고맙다고 말했어요.

교사: 그래. 이젠 되었구나. 주인공이 고맙다는 말만 했을까? 친구가 주인공에게 중요한 말을 더 한 것 같은데 선생님과 알아볼까?

지애: 아, 자기 집에 놀러오라고 한 거요?

교사: 그래, 바로 그거야. 그럼, 친구가 어떤 말을 한 건지 중요한 말을 빠뜨지리 말고 잘 넣어서 다시 말해 볼까? 친구들과 이야기할 때도 중요한 내용이 무엇인지 잘 생각하고 말을 해야 친구들이 너의 생각을 잘 알아듣고 잘 놀아 주거든.

이런 식의 대화를 아이의 언어 습관이 개선될 때까지 실시하되 의사소통 관련이나 친구와 사이좋게 지내기와 관련된 우정 쌓는 방법, 친구에게 바른 행동하기, 친구에게 도움 청하기, 자신 소개하기, 친구의 억압에 반응하기, 갈등 상황이나 괴롭힘에 적절하게 반응하기 등을 다루어 준다.

• 읽은 책을 중심으로 받아쓰기, 간단한 글짓기, 이야기의 중심 내용 알아보

기 등을 실시함으로써 학습에도 도움이 되도록 한다.

장애아이가 고립되지 않도록 돕기

지애의 경우 친구들과 잘 어울리고 싶어 하고 친구들을 보면 잘 웃는 아이이기 때문에 조금만 신경 쓰면 개선의 여지가 충분하다.

- 학급에 봉사할 줄 모르는 지애이므로 아침에 창문을 열거나 쉬는 시간에 칠판 지우기, 선생님 심부름하기 등 지애가 할 수 있는 봉사활동을 하도록 기회를 부여한다.
- 청소시간에 청소하는 방법을 모르면 친구들에게 물어가며 함께하도록 한다.
- 친구들에게 먼저 말 걸기 연습을 시킨다.
- 언제든 잘하지 못하는 것이 있으면 친구들에게 먼저 도움을 청하도록 한다.
- 지애도 친구들의 이야기에 귀 기울여서 열심히 듣도록 한다.
- 친구들이 지애의 이야기를 열심히 듣거나 끝까지 반응을 보이면 고맙다는 표현을 한다.
- 급우들에게 지애는 남의 말을 귀담아 듣는 능력이 부족하다는 것을 감안하여 지애의 능력에 맞는 대화를 하게 한다.
- 급우들이 가져오지 않은 준비물이나 학용품을 그냥 빌려 주지 말고 "유리야, 이 자 내가 빌려 줄게."라고 말하면서 빌려 주도록 하고, 도움을 받은

친구는 반드시 '고맙다'는 인사를 건네서 서로 사이좋게 지내는 분위기를 만들어 내게 한다.

- 급식시간에는 지애가 먼저 친구들에게 함께 밥을 먹자고 말하게 한다.
- 우유당번이나 학습지를 나누어 줄 땐 친구들의 이름을 다정하게 부르며 한마디 말이라도 건네게 한다.
- 준비물이 필요한 수업시간에 교사는 지애가 친구들과 함께 준비물을 챙기도록 한다.
- 교사는 틈나는 대로 지애가 아이들과 의사소통이 잘 되도록 말하는 방법을 지도한다.
- 화장실이나 심부름 등을 갈 때 친구들과 함께 가자고 먼저 말하게 한다.

부모와 함께하여 문제행동 개선하기

- 부모가 경제적 · 시간적 여유가 있을 경우 아이가 좋아하는 친구를 집으로 초대하여 또래와의 놀이를 통해서 인지 · 사회성 · 언어 · 도덕성의 발달을 돕도록 한다. 또한 놀이를 통해서 놀이에서 자신의 역할, 신체적 활동, 감정 표현을 하게 한다. 또 놀이의 여러 상황에 접하게 하고, 다른 친구들과 상호작용하는 방법을 깨닫게 도움을 준다.
- 부모는 놀이에 직접 참여하지 말고 다른 친구들이 놀이에 참여하는 방법을 살펴보고 아이가 모방할 점을 찾아 주면서 친구들이 사회활동의 모습

을 찾아내게 하는 등 놀이를 통하여 배우고 익힌 경험을 토대로 건전한 사회생활을 영위할 수 있는 발판을 마련해 가도록 한다.

- 가족과 함께 윷놀이, 다트게임, 비석치기, 노래방 가기, 등산하기, 배드민턴 치기, 자전거 타기, 볼링게임, 음식점이나 마켓에 가기 등의 활동을 통해서 타인과 상호작용하는 방법을 터득하게 하여 친구들 관계에서나 일상생활에 활용하도록 한다.
- 가족과 의사소통할 때도 끝까지 중요한 내용을 바르게 표현하는 습관을 기르도록 부탁한다.

주위 친구들과 전혀 어울리지 않는 아이

no. 1 유라와의 상담 (1)

no.2 유라와의 상담 (2)

유라야, 이리 와 보렴.
유라야, 늘 왜 혼자 있니?
친구들한테 같이 놀자고 해 봤니?
아뇨.
말하기 싫어서 늘 혼자
돌아다니거나 앉아
있는 거야?"
네.
친구한테 네 마음을 한번
얘기해 봐. 오늘 중에
한 번이라도 친구에게
부탁 한 가지를 해 보는
거야. 할 수 있겠니?
네, 해 볼게요.

늘 혼자 지내고 다른 아이들과 의사소통하려고 하지 않는 아이

학급 친구들에게 아무 말도 건네지 않으며 선생님과도 1년 동안 한두 마디 밖에 주고받지 않았다고 하며 도움을 주거나 받으려고도 하지 않는 고립된 경우다.

유라는 정신지체 2급의 자그마한 체구의 여자아이이다. 현재 6학년이지만 3, 4학년 정도로 밖에 보이지 않는다. 처음 유라를 만났을 때 읽기 책을 읽혔지만 아무 말도 하지 않았고 아이들은 "걔 원래 그래요."라고 말했다. 친구들한테 마저 거의 말을 하지 않으며 체육 전담 시간에는 밖에서 다른 곳을 이리저리 배회한다. 도움이 필요한 일이 하나도 없는 아이처럼 보인다. 교실에서는 자기 자리에서 꼼짝하지 않고 (물론 아무 말도 없이) 실외에서는 친구들에게서 멀리 떨어져 있곤 한다.

부모님 없이 조모와 함께 생활하는 데 조모의 상태도 정상적이지 않다는 것을 알게 되었다. 그래서 가정과는 전혀 의사소통할 수 없는 상태이므로 토요 휴업일과 휴업일이 아닌 날을 구분하지 못해서 간혹 학교에 결석하는 날이 있어도 속수무책일 수밖에 없다.

교사의 대처

유라의 담임교사는 유라의 행동을 자세히 관찰하여 말을 잘하지 않을 뿐더러 늘 혼자 친구들과 멀리 떨어져서 배회하는 것을 알게 되었다. 공부시간에 책을 읽혀 보았을 때 입을 떼지 않는 것을 보고 글을 잘 읽지 못하는 것뿐 아니라 아이들에게도 말을 걸지 않음을 알았다. 그러나 집에서 동생과는 말을 잘한다고 한다. 교사는 일단 가까워지는 것이 중요하다고 생각하여 틈나는 대로 유라에게 말을 시켜 보고 학급 아이들에게 지시하여 유라에게 말을 걸고 또 도와줄 것을 당부하였다. 그리고 유라 본인이 친구들에게 말을 걸 수 있도록 하기 위해 도움을 요청하는 말을 한 번씩이라도 해 보도록 지시하였다. 또 간단한 심부름을 시켜 대인기피 현상에서 탈피하도록 도왔다.

교사의 대처 방법 분석

잘한 점

- 아이에 대한 세심한 관찰로 아이의 특성을 상세히 파악할 수 있었다.
- 아이에게 친근감을 가질 수 있도록 노력하였으며 친구들에게 도움을 요청해 보라고 하여 아이로 하여금 표현할 수 있도록 독려하였다.
- 학급 아이들이 도울 수 있도록 한 것도 좋은 방법이다. 아이 스스로 다가가기보다 친구들이 먼저 접근해 주면 문제 해결이 더 빨라질 수 있다.
- 아이가 다른 사람과 접근하는 것을 자연스럽게 해결하도록 심부름을 시킨 것은 좋은 방법이다. 그러나 간단한 심부름이어야 한다는 것을 염두에 두어야 한다. 심부름에서의 실패 경험은 오히려 좌절과 함묵증세를 부추길 수 있기 때문이다.

개선할 점

- 아이의 심리적인 상태를 좀 더 정확히 알 수 있는 심리검사를 실시할 필요가 있다.
- 친구들에게 갑자기 도움을 요청하는 것은 쉬운 일이 아니다. 좀 더 체계적인 훈련 방법을 적용하여 지도할 필요가 있다.

상담적 접근

일반적으로 할 수 있는 관심과 배려

아이에 대한 지속적인 관심과 따뜻한 말

학교에서 친구들에게 말을 걸기 어려워하고 자기 표현을 거의 하지 않는 유라의 경우 친구들에게 부당한 일을 당하면 혼자 앓기 쉽다. 혹은 그럴 경우 다른 부적응 행동을 초래할 수도 있기 때문에 더욱 유심히 관찰하고 애정 어린 따뜻한 말을 자주 해 주는 것이 좋다. 유라는 비언어적 행동 관찰이 더욱 큰 의미를 가지는 아이이다.

칭찬 시간 갖기

말썽을 많이 피우고 과잉행동을 보이는 아이의 경우에도 칭찬거리를 찾아 많은 칭찬의 말을 들려주는 것이 좋듯이 유라의 경우처럼 타인과 어울리지 않고 감정 표현을 하지 않는 함묵증세의 아이에게도 칭찬을 자주 해 주는 것이 좋다. 자존감 향상에 도움을 주고 자신감을 키워 주면 차츰 친구들한테 가까이 다가가는 일도 쉬워질 것이다.

구체적인 전략

아이에게 도움 요청하기

교사나 친구들이 의도적으로 아이에게 도움을 요청해 본다. 아주 간단한 일이지만 유라와 가까워질 수 있는 계기를 마련하는 데 도움이 될 수 있다.

친구들에게 도움 요청하는 방법 훈련

'내가 처한 상황이 이러이러해서 내 기분이 어떠하니 이렇게 좀 해 줄래?' 와 같은 패턴을 연습하게 도와준다. "내가 들고 있는 주전자가 너무 무거워서 그러는데 같이 좀 들어줄래?" 이러한 문장이 어렵다면 "이것 좀 들어줘"라고 도움을 요청하도록 훈련한다. 오랫동안 혼자 있는 것에 익숙한 유라에게 처음부터 잘되지 않을 것이므로 지속적으로 지도해 준다.

사회성 기술 지도

행동분석을 통하여 구조화된 교육을 실시한다.

소리 내어 읽어서 녹음해 오기 과제 제시

자꾸 소리 내어 읽는 연습을 통해 말하는 훈련이 될 수 있도록 돕는다. 간단한 그림책 등을 과제로 제시하며 소리 내어 읽어서 녹음을 해 보도록 한다.

미술치료

교사가 미술치료에 대한 공부를 했을 경우나 그렇지 않으면 전문적으로 치료를 하는 분에게 의뢰하여 미술치료를 실시해 본다. 미술치료의 이점은 그림을 통해 아이의 내면을 들여야 볼 수 있다는 것이다. 말로 하는 것은 많은 저항이 따르지만 그림이나 미술활동을 하는 동안은 큰 저항을 최소화 할 수 있다는 장점을 가진다. 그리고 표현하는 것 자체만으로도 치료가 된다고 한다.

[자아 표현하기(콜라주, 수채화 등)]

언어적인 표현을 거부하는 아이의 경우 특히 콜라주나 글이 적힌 풍선 등을 이용한 활동으로 자아 표현하기를 돕는다. 난화와 콜라주를 합한 기법, 가족을 대표할 수 있는 동물로 동물 가족화 그리기 또는 동물 자화상 그리기 등을 이용해 본다.

[협동화 그리기]

몇 명의 아이가 집단을 이루어 한 장의 종이에 협동해서 그림을 그리게 한다. 자발성의 정도, 경험의 표출, 협동성, 그림 그리는 위치와 내용, 그리는 순서, 주의력 등을 관찰하여 분석한다. 주제를 정해 줄 수도 있고 정해 주지 않을 수도 있다.

✕ 자존감 높이기 – 조소 활동법

점토로 인물상을 만들어 이야기를 나눈다. 언어화가 제대로 이루어지지 못한 아이에게 유익한 활동이다.

✕ 친교활동놀이

아이의 쑥스러움을 없애 주고 친구들과 친해질 수 있는 다양한 활동을 전개해 본다. 처음에는 말을 많이 하는 활동보다는 몸으로 움직이고 서로 도울 수 있는 놀이를 위주로 하고 점차 언어적 활동을 포함한 내용으로 바꾸어 전개한다. 예를 들면, 소집단 별로 손 잡고 몸 비틀며 훌라후프 옮기기, 2인 삼각게임, 소원 적어 풍선 날리기 등.

뭐든지 마음대로 하는 아이

no. 1 남의 것을 가지고 인심 쓰는 경우

no.2 친구 것도 내 것

찌직
선생님 수현이가 내 스케치북 찢었어요.
한수현! 왜 남의 스케치북은 찢고 그러니?
그림 그릴려고요.
그림은 네 스케치북에다 그리는 거야.
여기다 그림 그리고 싶단 말이에요.
그건 네 것이 아니잖아. 네 스케치북에 그려야지.
내 거는 다 써서 없어요.

no.3 심심해서요

휙
툭
선생님, 시끄러워요.
한수현! 이제 그만해라. 친구들 공부하는데 시끄럽잖니?
심심해서요.
까닥
까닥
한수현! 친구들이 공부하는데 방해되잖아! 바르게 앉아야지!
심심해서요.

뭐든지 내맘대로인 아이

자신이 원하는 것은 마음대로 충족시키기 위해 상대방의 허락도 없이 마음대로 행동한다. 공부시간에 마음대로 돌아다니는 것은 물론 남의 물건이 내 것이요 내 물건은 내 것이라는 놀부 심보의 행동이 두드러지게 나타나는 경우다.

수현이는 지적장애 3급에 약간의 ADHD도 있으며 왼쪽 다리가 힘이 없어 많이 뛰면 안 되는 2학년 남자아이이다. 성격이 다소 공격적이고 욱하면 주먹부터 나가며 친구들 근처에 가서 참견을 많이 한다. 늘 자기 위주로 생각하고 행동하여 주변 친구들의 학습활동을 방해하고 귀찮게 한다.

교사의 대처

수현이가 특수아동이라는 사실과 다리가 불편하여 친구들의 도움이 필요하다고 하였더니 아직 저학년 아이들이라 그런지 선생님이 하라는 대로 곱게 따라 주고 있지만 수현이로 인해 주변 아이들이 손해를 보고 불편해하는 점은 여전하다. 자기 표현을 할 줄 알고 지각 능력도 있어 교사의 엄한 태도에 행동이 제어되기도 하지만 잠시 교사의 시야에서 벗어나면 자기 마음대로다. 담임교사는 수현이의 행동이 워낙 이기적이고 돌발적이라 일단은 주변 아이들에게 참으라고 신신당부를 하였다. 그렇지 않으면 수현이가 상대하는 아이들마다 충돌이 일어날 것이고 싸움이 붙으면 날마다 다치는 아이들로 말썽이 끊이지 않을 것 같아서다.

교사의 대처 방법 분석

잘한 점

- 아이의 공격적이고 부적절한 행동을 무조건 나무라기보다는 아이의 입장에서 이해하고 받아 주었다.
- 학급 아이들에게 특수아동의 상태를 저학년의 이해 수준에 맞게 설명하고 아이들의 도움을 요청하였다.

개선할 점

- 아이의 공격적 행동에 대하여 주변 아이들에게 무조건적인 이해만 요구하여 아이로 인해 피해 보는 아이들이 줄지 않았다.
- 아이의 부적절한 행동에 대해 특수학급 교사와의 긴밀한 접촉과 상담을 통한 연계지도 및 개선 방법 모색이 부족해 보인다.
- 아이를 잠시 교실에 머물다 특수반으로 가는 아이로만 인식함으로써 근본적인 문제행동을 개선하여 학급 아이들과 사이좋게 어울릴 수 있는 방법을 찾지 않는 태도가 방임적인 모습으로 비추어진다.

상담적 접근

일반적으로 할 수 있는 관심과 배려

- 일반 학급에서의 교우관계나 공격적 행동에 대하여 특수학급 교사와 꾸준한 면담을 통하여 지도 방법을 모색하고 아동지도에 서로 협력한다.
- 아이에게 꾸지람보다는 조그만 칭찬이라도 자주 해 주어 아이의 바람직한 행동을 강화시켜 준다.
- 학급 아이들에게 수현이의 처지를 이해시키고 수현이의 부적절한 행동에 대해 너그러운 마음을 발휘하도록 지도한다.
- 학급의 엔젤 도우미를 선정하여 아이가 특수학급에서 교실로 와서 활동하는 데 필요한 준비물이나 교과서를 챙기도록 안내하고 돕게 한다.

구체적인 전략

✯ 맞벌이 하는 부모님의 늦둥이로 태어나 가족의 귀여움을 독차지하며 할머니의 보살핌 속에서 학교를 다니는 수현이는 여기저기 겁도 없이 마음내키는 대로 돌아다니고 남의 것에 참견하기도 좋아한다. 학교에 입학해서야 지적

장애임을 알게 될 정도로 의사 표현도 어느 정도 정확한 편이고 학습 능력도 가능성이 엿보이지만 워낙 산만하고 매사 금방 싫증을 내어 향상이 저조한 아이이다. 무엇보다 수업활동 시간에 마음에 드는 친구가 있으면 그 자리에 가서 말을 걸고 가지고 싶은 물건을 허락도 없이 가져다 쓰거나 망가뜨리는 것이 가장 큰 문제다. 이러한 수현이의 여러 가지 문제행동을 반응대가 기법을 활용하여 개선해 보고자 한다(이성진, 2004).

- 먼저 교사는 수현이가 교실에 와서 수업을 할 때 개선해야 할 문제행동이 무엇인지 찾아 나열해 본다.

  (예) 표적 행동(문제행동) 찾아보기

  - 수업 중 자리에서 일어나 교사의 허락 없이 돌아다니며 떠드는 행동
  - 남의 물건 허락 없이 가져다 쓰는 행동
  - 수업 중 책이나 물건을 일부러 떨어뜨리는 행동
  - 다른 아동이 하는 일을 건드려서 망치는 행동
  - 수업 중 혼자 크게 소리 내는 행동
  - 일정 기간 동안 문제행동 각각에 대한 관찰을 시작하여 우선 표적 행동 중 빈도가 가장 높은 것을 선정하여 행동수정을 시작하기로 한다.

수현의 문제행동 관찰 결과표 예시

관찰 일시(일) / 표적 행동	1일	2일	3일	4일	5일	6일
돌아다니며 떠드는 행동	/////	///	/////	///	///	//
남의 물건 허락 없이 가져다 쓰는 행동	/	/	//	/	/	/
수업 중 책이나 물건을 일부러 떨어뜨리는 행동	/	//	//	/	///	/
다른 아동이 하는 일을 건드려서 망치는 행동	/	//	/	/	/	/
수업 중 혼자 크게 소리 내는 행동	///	/	///	//	//	//

- 표적 행동 중 돌아다니며 떠드는 행동을 변화시키기 위해 '반응대가'라는 기법을 사용한다. 반응대가란 아동이 그릇된 행동을 할 때마다 그 대가로 어떤 특전을 상실하게 되는 벌의 한 방법이다(이성진, 2004). 학교의 쉬는 시간 10분 중 얼마를 활용할 건지는 수현이의 행동 반응에 달려 있음을 알려 주고 앞으로 바람직한 행동의 실천 방법을 설명해 준다. 교사는 칠판에 "10, 9, 8, ……, 4, 3, 2, 1, 0"의 숫자를 차례대로 적어 놓고 수지가 교사의 허락 없이 좌석을 한번 이탈할 때마다 하나씩 ×표를 하여 지워나간다. 여기서 이 숫자들은 수업이 끝난 후 쉬는 시간을 말한다. 수업 중 자리를 두 번 이탈하면 10과 9 두 숫자를 지우고 쉬는 시간은 8분이 허용되는 것

이다. 즉, 수업 중 돌아다니는 행동이 많을수록 수현이는 쉬는 시간을 상실하게 되는 것이다. 아직 시간 개념이 형성되지 않은 수현이에게는 쉬는 시간 2분을 제한하는 데 모래시계를 활용하는 것도 좋은 방법이다.

참고문헌

강진령, 유형근(2004). **학교상담프로그램 1**. 서울: 학지사.

김학배(2007). 개별화 교육이 학습부진아의 기초학습능력 신장에 미치는 영향. 청주교육대학교 교육대학원 석사학위논문.

김혜리 역(2002). **자폐증과 아스퍼거증후군 아동: 치료자와 부모를 위한 지침서.** 서울: 시그마프레스.

서울경인특수학급 교사연구회(2006). **일반교사를 위한 통합교육 지원 프로그램.** 서울: 학지사.

윤치연, 이영순, 천성문(2004). **특수아 상담 및 치료교육 프로그램**. 서울: 학지사.

이소현(1998), 통합된 장애아동의 사회성 발달과 적응 지원을 위한 방법론적 고찰. **교과교육학연구, 2**(2).

추남순(2007), 학습부진아의 글자놀이학습이 기초적인 문해능력에 미치는 효과. 고신대학교교육대학원 석사학위논문.

한국통합교육학회(2005). **통합교육**. 서울: 학지사.

현장특수교육, 2007년 5 · 6월호.

참고사이트

에듀넷(www.edunet4u.net)

인디스쿨(www.indischool.com)

충북교수학습센터(http://www.cbedunet.or.kr/index.html)

손오공의 특수교육(http://speedu.cafe24.com)

DVD 참고 자료

내 꿈은 ON AIR(부산광역시 교육청, 국립특수교육원)

친구야 함께 놀자(장애인먼저실천중앙협의회)

나팔꽃과 해바라기(국립특수교육원)

너는 특별하단다 1, 2, 3(인피니스)

저자 소개

* 김민지

청주교육대학교 졸업

청주교육대학교 대학원 수료(초등상담교육 전공)

현재 청주 남평초등학교 근무(교육 경력 9년)

* 서성애

청주교육대학교 졸업

청주교육대학교 대학원 졸업(초등상담교육 전공)

전문상담교사 1급 자격증

현재 한국교원대학교 부설 월곡초등학교 근무(교육 경력 18년)

* 박성희

서울대학교 교육학과 졸업

서울대학교 대학원 졸업(교육상담학 박사)

한국행동과학연구소 책임연구원

미국 위스콘신대학교 상담학과 객원교수

캐나다 브리티시컬럼비아대학교 상담학과 객원교수

한국상담학회 수련감독사

현재 청주교육대학교 초등교육과 교수

* 저서

공감(이너북스, 2009)

담임이 이끌어가는 학급상담(2판, 학지사, 2009)

현명한 아버지가 아이의 미래를 바꾼다(가야북스, 2008)

〈마시멜로 이야기〉에 열광하는 불행한 영혼들을 위하여(이너북스, 2008)

동양상담학 시리즈(11권, 학지사, 2007)

황희처럼 듣고 서희처럼 말하라(이너북스, 2007)

동화로 열어가는 상담이야기(이너북스, 2007)

상담학 연구방법론(학지사, 2004)

공감학: 어제와 오늘(학지사, 2004)

상담과 상담학 시리즈(3권, 학지사, 2002)

Wonderful Teachers! 8

선생님은 해결사 _특수아동 편

2010년 5월 15일 1판 1쇄 발행
2013년 11월 20일 1판 2쇄 발행

지은이 | 김민지 • 서성애 • 박성희
펴낸이 | 김진환
펴낸곳 | (주) 학지사 . INNER BOOKS 이너북스

121-837 서울시 마포구 서교동 352-29 마인드월드빌딩 5층
대표전화_ 02-330-5114 팩스_ 02-324-2345

등 록 | 2006년 11월 13일 제313-2006-000238호
홈페이지 | www.innerbooks.co.kr

ISBN 978-89-92654-31-9 04370
978-89-92654-23-4 (set)

가격 11,000원

※ 이너북스는 학지사의 자매회사입니다.